行政長官產生辦法考

基本法第 45 條起草過程概覽

李浩然——[編著]

✿ 導論

上世紀八十年代起草《基本法》的過程中，對於回歸後如何產生行政長官的政制安排（即第四十五條），正顯示出本地社會各種訴求的整合。本書的目的，在於以當時社會上所提出的各個方案作為切入點，向讀者介紹社會各界的不同訴求，以及如何通過對不同方案的討論，而逐步形成共識，達至最終《基本法》的定稿。為了有效呈現出整個整合過程，編者以時間順序的各次稿件和會議為主線，讓讀者可以清楚地了解當中進行過的討論。有關材料主要摘自政制專責小組的會議，也有部分方案節錄自其他的會議文件。

其實當時社會對此的討論，要遠比會議當中更為複雜，而本書的原則，只會包含已經公開的官方會議文件。儘管如此，循會議的討論進程，仍然讓我們可以清晰看到當時整個社會的討論和思考脈絡。如上所述，會議和與會者扮演著一種社會的整合作用，把當時社會上的各種討論有系統地整理並帶入會議討論當中。而且在會議文件當中，也包含和整理了大量比較具體的民間建議和方案。所以總體來說，會議能夠有效呈現當時的整體狀況。

訴求整合的概念

所謂訴求整合（或稱利益整合，因為利益取向反映在其訴求中），是指社會不同團體或個人的政治訴求，透過各種政治活動和管道互相協商和競爭，加以歸納和簡化，最後制定成為方案或政策。社會成員有各式各樣的訴求，可是政府不可能給每個人都制定一個方案，因此必然需要一段過程，來發展出一個大家都能夠接受的方案。在這個方案當中，每個社會成員的訴求都會獲得一定程度的滿足，但也因為要和別的社會成員分享方案內容，所以部分訴求會被迫放棄或調整。例如社會有一百位成員，每位成員有自己的訴求。通過整合過程，相近的訴求可能會被整合成十個訴求。之後這十個訴求又互相整合，最終達至一個大多數人都能夠接受的結果。訴求整合包括了各類談判、博弈和討價還價。這是一個

漫長的過程，可以大體劃分成不同的階段。

在此過程中，固然需要一些平台來給各方進行討論。在《基本法》起草過程當中，起草委員會、諮詢委員會、政制專責小組和各次會議，便是主要的整合平台。

各階段的演變

對於行政長官的產生辦法，在最早期的第一稿階段當中，首先提出了六個概念方向，包括（1）一人一票全體選民普選產生、（2）由立法機關互選產生、（3）由提名團提名，再以一人一票選舉產生、（4）由選舉團選舉產生、（5）由提名團提名，再由選舉團選舉產生，以及（6）以顧問院選擇或協商方式產生。

每個方案背後各自代表著不同的理念。例如由立法機關互選產生行政長官的建議，實際上是帶有議會制（又稱內閣制）的理念，對應的是英國和日本的議會模式，立法機關和立法機關議員的選舉是其重點。此外，還出現過選舉團模式的建議，這可能有點類似於美國選舉總統時所使用的選舉團和選舉人票制度。選民並非通過一人一票直接選舉政治領袖，而是通過選舉出一個選舉團，再由選舉團代為投票的間接選舉模式。另外，還有通過非選舉而產生行政長官的協商模式，以及一人一票普選的模式等等。在第一稿階段中，還出現過針對一些特定問題作出討論，如對大選舉團問題、提名標準及方法，以及關於任命的討論。

如果以穩定和開放傾向作為兩端畫出政治光譜進行比較，《基本法》最終所選擇的，在當時的概念當中，應該屬於中間落墨的方向。

而在這個階段中也有幾個進程，從概念逐步到形成具體方案的雛形。之後，委員們對各個方案進行了更為仔細的討論，最終歸納了這個階段的第一次整合結果，包括：（1）由普及性的直接選舉產生，當中分別有無提名限制及有提名限制兩個選擇、（2）大選舉團選舉產生、（3）立法機關選舉產生，以及（4）協商產生四項。

踏入第三稿階段,是方案成熟期。在這個階段,進行了第二次的歸納。小組委員對方案有了更多的討論,方案建議也隨著社會的熱烈討論而變得更百花齊放。這一階段可以歸納為:(1)通過選舉和(2)通過協商產生行政長官兩大方向。其中通過選舉,又分為普及性直接選舉(包括無提名限制和有提名限制兩類),以及間接選舉(也包括由大選舉團選舉和立法機關選舉兩類)。至於協商,則有中央政府與香港人士協商,以及香港人士自行協商兩大方向概念。可見經過這階段的討論之後,方向思路更趨清晰和系統化。

至第四稿階段,政制專責小組對於由功能團體選舉行政長官的方向,進行了深入的討論。對此也產生了很多相關的建議,特別是如何組成的問題。此外的另一重點,是按照上一階段的歸納,就無提名限制和有提名限制的直接選舉,出現了一些新方案。簡單總結,在這個階段,討論主要深入地集中在直接選舉和大選舉團兩種模式的利弊平衡當中。

第五稿階段,是首次由秘書處總結過去的討論和民間方案,提出官方方案供廣泛討論。當時共提出了五個方案,然後在這個基礎上,在第七稿階段中就著五個方案進行了較深入的分析討論。

在第七稿階段還有兩個特點。一是對於專門概念的討論,包括對協商產生行政長官的方法是否應該刪除的問題,進行了大篇幅的討論,當中涉及大量對民主概念的分析,以及《中英聯合聲明》的有關規定。其實關於協商的意見,早在第二稿階段也曾經提出過,這階段的討論算是一個呼應。此外,還包括有關循序漸進和任命等概念也被廣泛探討。另一特點是,這個階段的方案進一步成熟。其中一個表現是,主流方案的出現和對之的相關討論。

所謂主流方案,是由查良鏞提出的一個政制協調方案。當時由於社會討論未能達致統一方案,所以會議未有就每個方案逐一研究,改以回歸後香港特區每屆政府為討論基礎,討論得出的結果是,接近查良鏞所提出的方案,所以在會議上得此名稱。所以說主流方案成了起草後期十多個民間方案進行整合和比較的平台,並以

此來對照大會的方案。

到第八稿階段，基本方案已經形成。接下來，委員對方案所產生的一些技術運作問題進行了討論，這些包括行政長官和立法會關係、提名程序等等。

經過這些討論，經歷大約五年時間的博奕、協商、討論、競爭和整合，到了一九九〇年四月，《基本法》第四十五條終於定稿頒佈。定稿方案可以說是妥協的成果，沒有特別傾向例如190方案、38人方案、89人方案、雙查方案等代表不同訴求的任何一方面，其主要著眼點表現出兼顧各方和保持穩定的特點。

過程和政策效果

在上世紀八十年代，隨著中、英兩國簽訂《中英聯合聲明》，清晰地勾畫出香港未來的前景，社會各界依此想像心目中回歸後的香港，並通過起草《基本法》的整合平台，進行政治動員。可以說，香港社會在那年代上了一堂很好的政治課。各團體和個人依據自己的理想，尋找行政長官產生辦法的具體方案，過程中大家互相學習，又互相理解，出現了很多理性的交流和辯論，建立起鞏固的互信。各界的互動互讓，使訴求整合得以逐步進行，大量不同的構想逐漸整合成少量的方案建議，最終達至共識。

在整個過程當中，中央政府同時參與其中，全程跟各界溝通和配合。在早期的討論當中，並沒有出現主導意見，只是按照《中英聯合聲明》作為指導思想，進行了十分開放的討論，最終形成《基本法》的落實條文。

🌺 索引

第一稿		p.016
時期	1986 年 4 月－1987 年 8 月	
階段重點	・提出了六個概念方向 ・從概念逐步到形成民間具體方案的雛形 ・針對一些特定問題作出討論，特別如對大選舉團問題、提名 　標準及方法、任命等等 ・進行了第一次方案歸納	
主要方案	（一）興論界對行政長官產生的建議	
	1・由立法局產生	p.018
	2・由顧問院產生	p.018
	3・由直接選舉產生	p.018
	（二）初步概念	
	4・一人一票的全體選民普選方法	p.021
	5・由立法機關互選產生	p.021
	6・用一人一票選舉方式，但候選人需由一個「提名團」提名	p.021
	7・用「選舉團」方式（包括提名和選舉候選人）	p.021
	8・由「提名團」提名候選人名單，由「選舉團」選舉	p.021
	9・以協商方式產生	p.021
	（三）具體方案列舉	
	10・陳弘毅方案	p.025
	11・鄭宇碩方案	p.025
	12・太平山學會文件	p.026
	13・民主公義協會方案	p.026
	14・李華明《香港特別行政區的模式（芻議）》	p.026
	15・匯點文件《對於香港特別行政區政制模式的建議》	p.026
	16・馮煒光方案	p.027
	17・張熾標方案	p.027
	18・中根方案	p.027
	19・查濟民方案	p.027
	20・古星輝方案	p.028
	21・徐是雄諮委書面發言	p.028
	22・薛鳳旋方案	p.029
	23・三方學會文件	p.029
	24・冼銘倫方案	p.029
	25・辛維思方案	p.030
	26・吳夢珍方案	p.030
	27・高漢釗方案	p.030
	28・工商專業界諮委《未來香港特別行政區政府架構芻議》	p.031
	29・吳康民《關於香港特別行政區政府結構的建議》	p.033

第三稿（第二稿的討論內容沒有重要影響，本書不予收錄）	p.074
時期	1987 年 9 月 – 1987 年 10 月
階段重點	·民間方案的構想進一步成熟 ·進行了第二次方案歸納

主要方案

（一）由立法機關產生

1 · 陳弘毅方案 p.076
2 · 鄭宇碩方案 p.076
3 · 繆熾宏方案 p.076
4 · 太平山學會方案 p.076
5 · 李華明方案 p.076
6 · 匯點方案 p.076
7 · 馮煒光方案 p.076
8 · 香港都市規劃師學會方案 p.076

（二）非由立法機關產生＋無提名限制之直選

9 · 香港大學學生會方案 p.077

（三）非由立法機關產生＋有提名限制之直選

10 · 學友社方案 p.077
11 · 基督教協進會公共政策委員會方案 p.077
12 · 大學畢業同學會方案 p.077
13 · 190 方案 p.077
14 · 吳康民方案 p.077
15 · 38 位文教界諮委及團體負責人方案 p.077

（四）非由立法機關產生＋大選舉團

16 · 三方學會方案 p.077
17 · 張熾標方案 p.078
18 · 工商界諮委方案（76 人方案） p.078
19 · 香港基督教關注基本法委員會政制小組方案 .. p.078
20 · 港人協會方案 p.078
21 · 華員會方案 p.078
22 · 醫務界專業團體基本法聯席會議方案 p.078

（五）非由立法機關產生＋地方協商

23 薛鳳旋方案 p.078
24 · 古星輝方案 p.078

（六）非由立法機關產生＋中央協商

25 · 冼銘倫方案 p.079
26 · 辛維思方案 p.079

（七）非由立法機關產生＋由香港提名數人，由中央選出幾個，再由香港決定

27 · 中根方案 p.079

28 · 何鍾泰、唐一柱、曹宏威方案　　　　　p.079

29 · 徐是雄方案　　　　　　　　　　　　p.079

30 · 羅桂祥方案　　　　　　　　　　　　p.079

（八）難以分類

31 · 學聯方案　　　　　　　　　　　　　p.079

32 · 高漢釗方案　　　　　　　　　　　　p.080

33 · 吳夢珍方案　　　　　　　　　　　　p.080

34 · 查濟民方案　　　　　　　　　　　　p.080

35 · 香港民主協會方案　　　　　　　　　p.080

36 · 基督教弘道社方案　　　　　　　　　p.080

37 · 陳協平方案　　　　　　　　　　　　p.080

38 · 張世林方案　　　　　　　　　　　　p.081

第四稿		p.083
時期	1987 年 11 月 － 1987 年 12 月	
階段重點	·對由功能團體選舉行政長官的構想進行討論 ·集中在直接選舉和大選舉團兩種模式進行討論 ·就無提名限制和有提名限制的直接選舉，出現了新方案	
主要方案	**（一）有關產生選舉行政長官的組織：** 1 · 薛鳳旋方案　　　　　　　　　　p.083 2 · 76 人方案　　　　　　　　　　　p.083 3 · 徐是雄方案　　　　　　　　　　p.083 4 · 學友社方案　　　　　　　　　　p.083 5 · 港人協會方案　　　　　　　　　p.083 6 · 香港政府華員會方案　　　　　　p.083 7 · 醫務界專業團體基本法聯席會議方案　p.084 8 · 38 位教育界諮委及團體負責人方案　p.084 **（二）大選舉團功能：負責提名，後交全民投票** 9 · 學友社方案——遴選委員會　　　　　p.085 10 · 辛維思方案——遴選委員會　　　　p.085 11 · 雷競旋方案——提名委員會　　　　p.085 12 · 大學畢業同學會方案——提名團　　p.085 13 · 吳康民方案——行政長官候選人提名委員會　p.085 14 · 38 人方案——行政長官候選人提名團　p.085 15 · 基督徒弘道社方案——候選人團體（本身為候選人）　p.086 **（三）大選舉團功能：負責提名，後交中央** 16 · 羅桂祥方案——十人提名小組　　　p.087 17 · 陳協平方案——香港各界提名行政長官委員會　p.087

（四）大選舉團功能：負責提名，後交立法機關
１８・香港民主協會方案——顧問委員會   p.087

（五）大選舉團功能：負責選舉
１９・三方學會方案——選舉團   p.087
２０・香港基督教關注基本法委員會政制小組方案——選舉團   p.087
２１・張熾標方案——大選舉團   p.087

（六）大選舉團功能：負責提名及選舉
２２・華員會方案——提名團、選舉團   p.088
２３・醫務界專業團體基本法聯席會議方案——提名團、選舉團   p.088
２４・張世林方案——提名團、選舉團   p.088
２５・古星輝方案——行政顧問院   p.088
２６・薛鳳旋方案——協商團   p.088
２７・港人協會方案——選舉團   p.088

（七）行政長官的產生方式：無提名限制的直接選舉
２８・香港大學學生會方案   p.089

（八）行政長官的產生方式：有提名限制的直接選舉
２９・學友社方案   p.089
３０・基督教協進會公共政策委員會方案   p.090
３１・大學畢業同學會方案   p.090
３２・190 方案   p.090
３３・吳康民方案   p.090
３４・38 位文教界諮委及團體負責人方案   p.090
３５・查濟民方案（第二部份）   p.090
３６・基督教弘道社方案   p.090

（九）其他
３７・工商專業界諮委《有關大選舉團的建議》   p.091

第五稿		p.095
時期	1988 年 4 月	
階段重點	·首次由秘書處總結過去的討論和民間方案，提出官方方案	
主要方案	（一）基本法（草案）草稿的官方文件	
	１・方案一	p.095
	２・方案二	p.096
	３・方案三	p.096
	４・方案四	p.096
	５・方案五	p.097

第七稿（第六稿的討論內容沒有重要影響，本書不予收錄）		p.099
時期	1988 年 6 月－ 1989 年 2 月	
階段重點	·就著秘書處提出的五個方案進行討論 ·對於協商產生行政長官的方法是否應該刪除的問題，進行討論 ·對有關循序漸進和任命等概念進行討論 ·「主流方案」的出現和對之的相關討論	
主要方案	（一）各個政制方案的演變	
	1·190 人方案	p.142
	2·工商專業界諮委（89 人）方案	p.143
	3·38 人方案	p.145
	4·香港政府華員會方案	p.146
	5·香港大學畢業同學會方案	p.147
	6·香港工會聯合會方案	p.148
	7·港九勞工社團聯會方案	p.150
	8·新香港學會方案	p.152
	9·香港民主協會方案	p.153
	10·查濟民方案	p.154
	11·勵進會方案	p.155
	12·傑出青年協會方案	p.156
	13·港人協會方案	p.156
	（二）基本法（草案）的官方文件	
	14·把基本法（草案）草稿的五個方案歸納成一個	p.172

第八稿		p.175
時期	1989 年 4 月－ 1990 年 2 月	
階段重點	·基本方案方向形成 ·對方案所產生的一些技術運作問題進行了討論，包括行政長官和立法 　會關係、提名程序等等	
主要方案	無	

落實條文		p.198
時期	1990 年 4 月	

討論過程摘要

第一稿

階段重點

- 提出了六個概念方向
- 從概念逐步到形成民間具體方案的雛形
- 針對一些特定問題作出討論,特別如對大選舉團問題、提名標準及方法、任命等等
- 進行了第一次方案歸納

條文的演進和發展

① 1986 年 4 月 15 日《政制專責小組第二分組總結》

4. 委員們對政制方面,立法機關產生的選舉和行政長官產生方式有以下各種意見:

(4)有委員建議行政長官應在立法機關內部選舉產生,原來是較低級的公務員,也可以通過選舉後擔任行政長官。

(5)有委員不同意行政長官由某一方面委任或協商產生,因為香港人心理上不一定會接受。

(6)有幾位委員建議以不同方式成立選舉團或選舉委員會負責選舉行政長官。

※

② 1986 年 4 月 15 日《政制專責小組第三分組總結》

對行政長官和司級官員產生的看法

委員們均認為中英聯合聲明對經濟方面講得較具體,但政制方面卻講得簡單。那是因為目前香港的政制尚在變革中,將來發展到何等的地步,實難以預料,故中英聯合聲明對此保留了彈性。

委員討論了中英聯合聲明附件一關於行政首長及司級官員產生的

說法，委員琢磨字裡行間的含義，似感到權在香港，但又不盡在香港，很困惑，從「任命」及「報請中央人民政府任命」等字眼中使人感到中央的任命僅是循例式，如果中央不同意可以要求香港重新提名任命，中央當不會妄自指定某人任職。但是否真的這種意思？委員們希望不是猜想，並能在基本法中有清楚的闡述。

※

③ 1986 年 5 月 13 日《政制專責小組第三次會議總結（第二分組）》

三、行政長官及行政機關：
按中英聯合聲明，行政長官通過選舉或協商產生，但有委員反對用協商方法，恐怕被某些集團壟斷整個政府架構；但另有委員則認為，我們應首先對中央政府具信心，因他們也不想香港走下坡。至於具體方法，有委員建議，也可採取直接與間接選舉混合的方式選出行政長官，例如由立法局議員投票佔 49%，全民投票佔 51%；又或者由立法局議員、市政局議員、區議員及有代表性的界定團體等幾方面組成的選舉團選出行政長官，再經最高當局認可。此外，還有委員提出關於將來行政長官的權力應多大的問題。有些人就是怕其權力過大，然而權力被過分削弱亦會使其工作受到太多掣肘；有些委員則認為，行政長官向立法機關負責，立法機關有罷免權，例如三分之二投不信任票即要下台。

※

④ 吳夢珍《對香港特別行政區政制模式的建議》，載於 1986 年 5 月 13 日《政制專責小組第三次會議總結（第二分組）》

（編者按：此文件乃依香港大學法學院圖書館的歸檔順序處理出處）

【P4】
行政首長的產生

根據中英聯合聲明，行政首長必須「在當地通過選舉或協商產生，由中央人民政府任命」，簡而言之，現在港督由英國委任的方法，在九七年後必須修改。

我認為行政首長的產生需要有各方面的參與，以取得整體社會的支持。

首屆行政首長產生過程可由中英聯絡小組會同行政、立法兩局以及當時的行政首長提名若干候選人，由中央人民政府作最後決定委任。

這個模式的好處是：由於中央政府與香港特區人士共同協商決定人選，可以避免日後中央與地方的矛盾。

而行政首長的任期亦應有限，但可以比立法議員任期稍長。

第二屆及以後各屆行政首長的產生，除了中英聯絡小組不再參與提名候選人外，仍可用以上所提方法產生。

※

⑤ 1986 年 5 月 13 日《政制專責小組第三次會議總結（第三分組）》

一、對中英聯合聲明有關政制論述的看法：

有委員認為，目前港人對政制爭論點是中英聯合聲明附件一所提的關於行政長官的產生方式，以及行政機關必須向立法機關負責的字眼。他認為，既然中英聯合聲明沒有講明行政長官由立法機關產生，則可以理解為行政長官是以另一種方法產生。但有委員不同意，他認為，中英聯合聲明對行政長官的產生過程雖然沒有交代，但不等於否定立法機關產生行政長官的可能性。

二、未來政制的構想：

有委員認為，目前輿論界對行政長官的產生有幾種建議：（1）由立法局產生；（2）由顧問院產生；（3）由直接選舉產生。其實這三者有利也有弊，可否先瞭解外國政制的情況，衡量其優劣，並從中找尋一種適合香港的政制模式。

有委員則認為，香港身處亞洲，可以討論一下亞洲一些先進國家的政制情況，以利我們設計未來的政制。

※

⑥ 1986 年 5 月 13 日《政制專責小組第三次會議總結（第四分組）》

3. 立法機關和行政長官的產生

多位委員認為兩者的產生全部用普選選舉的方式，並不適合香港。又認為短期內實行全面的直接選舉帶有一定的危險性。間接性的功能團體選舉比較好。個別委員認為將來的選舉除了應保留較有代表性的功能團體選舉，應改進目前選舉團的選舉，並加上要有一定比例的直接選舉，但直接選舉所佔比例一定要小。

有一位委員認為，既然是「一國兩制」，香港是資本主義社會，所以政制一定要做到保護資本家之利益。

多位委員認為未來的行政長官必須有一定的權力，否則很難有一個以行政為主導、高效率的政府。

行政長官的產生，如在立法機關內互選產生，有委員認為會失去行政、立法機關各自的獨立性。因此認為在選舉立法機關議員的同時，選出行政長官，這樣就可以保持行政、立法的地位相等，不會有誰附屬誰的問題。

有委員建議應組織兩個團體，一為提名委員會，根據行政長官必須具備的條件及資歷，先由其提名為候選人。二為選舉團，行政長官由選舉團選出。提名委員會和選舉團的產生，可以用功能團體選舉和部份直接選舉產生。

個別委員提出，將來諮詢委員會解散後，原有的人還可以組成選舉團，因大家都來自各團體、各階層，有一定的代表性，從中選出行政長官是方法之一。

※

⑦ 1986 年 6 月 26 日《政制專責小組第四次續會會議紀要（第二分組）》

是次會議集中討論直接選舉、功能團體選舉、選舉團選舉以及委

任制度的形式。

1. 直接選舉

1.1 贊成直接選舉的意見如下：

1.1.1 若直接選舉採分區形式進行，建議將全港分為十個選區，以五十萬人為一個選區，這樣可選出政綱較溫和的人士，因為如果選區太細，多數被選者會來自草根階層。

1.1.2 以區議會選舉為例，社工和教師所佔的議席只是百分之二十，因此直接選舉不會令草根階層人士佔多數的現象產生。

1.1.3 政黨不是社會矛盾的根源。

1.1.4 有很多實行直接選舉的國家很安定和繁榮，例如日本。香港市民教育水準其實相對地提高，投票率也會提高。

1.2 反對直接選舉的意見如下：

1.2.1 分區直接選舉會產生地區性政黨，令社會引起混亂，加上香港地方小，地區性選舉可能產生只有片面性意見的人士。

1.2.2 直接選舉未必可以發掘到全面的人才，因為有不少有識之士是不會參與選舉的，縱使參加也未必獲選，所以如果立法機關的成員大多由直接選舉產生的話，便會造成立法機關由草根階層支配的不適當現象。

1.2.3 因為立法機關的職權大，如果直接選舉會造成政黨的產生，政黨之間便會出現衝突，影響社會穩定和繁榮。

1.2.4 直接選舉與民主意識有關。如果選民的民主意識不強，辨識力低，很難讓人對這種形式抱有信心。

1.2.5 有很多公民教育程度高的西方國家，在實行直接選舉後，社會的情況不見有好轉，所以香港的環境未必容許直接選舉的推行。

2. 功能團體選舉

委員大致同意功能團體選舉有很多優點，值得保留，比率由三分之一至百分之四十；但也有委員認為功能團體代表的視野不夠全面。

3. 選舉團選舉

有委員建議設立選舉團，以補直接選舉和功能團體選舉之不足。至於形式方面，委員認為有需要防止現存選舉團的流弊。

4. 委任制度

有委員認為政府需要全面的人才，委任制度可讓這類人士進入立法機關，由於他們不需向選民負責，在辦事上便少了掣肘。有委員提出特區政府可實行半委任性制度，以免違反中英聯合聲明。

※

⑧《行政長官的產生和任免》（1986年7月8日政制專責小組第五次會議附件二）

（編者按：形成第一階段的初步概念）

在理論上，行政長官產生的方法有多種，現歸納如下作為討論：
（a）一人一票的全體選民普選方法
（b）由立法機關互選產生
（c）用一人一票選舉方式，但候選人需由一個「提名團」提名
（d）用「選舉團」方式（包括提名和選舉候選人）
（e）由「提名團」提名候選人名單，由「選舉團」選舉
（f）以協商方式產生

討論摘要：

（a）一人一票的方式是否符合香港社會的傳統習慣和需要？
（b）一人一票的方式是否會引起政黨組織的出現？
（c）為了要爭取大多數人的支持，候選人是否會提議不切實際的福利計劃？
（d）「提名團」及選舉團的組成問題及是否可行？它的成員可來自功能團體，立法局、市政局、區域議局和區議會等機構，他們本身應不可成為候選人，以他們的經驗和資歷，是否可以提名最適當的行政長官候選人，然後由選民或「選舉團」投票選舉。
（e）由立法機關選出行政長官，是否令後者從屬於前者，而且與三權分立的原則相反？
（f）以協商方式產生行政長官是否實際及其利弊之所在？

※

⑨ 1986 年 7 月 25 日《政制專責小組第五次會議續會紀要（第一、三分組）》

【P2-3】

1. 行政長官的產生

1.1 協商或選舉產生行政長官：

委員認為根據中英聯合聲明附件一所載「香港特別行政區行政長官在當地通過選舉或協商產生」，清楚說明無論是選舉或協商，都是由當地人進行，中央不會干預或介入。

1.1.1 有委員認為不應該立即剔除協商產生的可能性，若定得太死反而是一種限制。

1.1.2 有委員認為政制改變是漸進的，在初期應容許有協商產生，再逐步發展為選舉產生，才較合理。

1.1.3 有委員反對以協商產生，但不排除在選舉過程中有協商成份。

1.2 立法機關選出行政長官：

1.2.1 有委員認為由立法機關選出行政長官可減少矛盾，且有足夠代表性。

1.2.2 有委員認為從現實經驗看，由立法機關選舉行政長官這類的方式會製造爭端及對立。

1.2.3 有委員認為由立法機關選出行政長官會導致立法機關缺乏限制行政長官的權力；而且在具體政策上，若立法機關有大量的功能團體議席，行政長官未必有足夠實力贏取議員的大多數贊成。

1.3 選舉團選行政長官：

1.3.1 有委員提議選舉團可由各級議員、功能組別、人大代表等組成，以選出行政長官，則行政長官既具代表性，又可協調各階層利益。

1.3.2 有委員認為選舉團有兩個問題：

（1）選舉團名單的決定會引起紛爭，亦容易導致中央介入。

（2）選舉團若每五年選一次（假設行政長官任期為五年），則每五年便有一次爭端；若選舉團不解散，則容易變成另一權力中心。

1.4 一人一票選出行政長官：

委員認為一人一票選出行政長官會導致行政長官有太大權力，故

此有委員提議，若要用直選方式，則要限制候選人的資格，如要是曾任或現任立法議員；或經由立法局提名等。

※

⑩ 1986 年 7 月 25 日《政制專責小組第五次續會會議紀要（第二、四分組）》

【P4-5】

本次討論主要集中在行政長官的產生方法。

1. 一人一票的全體選民普選方法：

1.1 個別委員贊成用這方法產生行政長官，藉此讓普羅大眾有機會參與，再加上由全民選舉產生的行政長官會很有代表性，從而使他更具威望，與立法機關（由選舉產生）享有同等地位；

1.2 有委員認為一人一票的直接選舉應是產生行政長官的理想辦法，但目前香港人的教育水平不高，政治意識薄弱，所以實行直接選舉是不切實際的，而且行政長官是講求實力和行政才能，而不是代表性；

1.3 個別委員認為，直接選舉有利壓力團體。

2. 由立法機關互選產生：

2.1 贊成者的意見如下：

2.1.1 行政長官可以向立法機關負責；

2.1.2 因為立法機關的成員由多種混合選舉方式產生，所以由立法機關互選產生的行政長官可照顧到各方面的利益；

2.1.3 如果行政長官得到立法機關的擁護和支持，行政機關與立法機關便不會互相對抗，影響行政效率；

2.1.4 如果立法機關的產生已能讓大眾有足夠的參與，大眾便能間接地參與行政長官的產生；

2.1.5 如果從務實的觀點出發，由立法機關互選產生行政長官是可行的；

2.1.6 如果行政長官是由立法機關互選產生，行政長官的能力便可得到瞭解。

2.2 反對者的意見如下：

2.2.1 恐怕會令立法議員為爭取出任行政長官而引起混亂的局面；
2.2.2 如果行政長官為了要爭取立法機關的支持（如希望連任），
便會變成後者的從屬。

3. 用一人一票選舉方式，但候選人需由一個提名團提名：
3.1 關於提名團的產生，有委員認為提名團應有些當然成員，如
人大代表、政協代表、立法議員等以防出亂子，而其他組成人員
應是一些有超然地位的長者，有豐富經驗的人士，大機構的代表
等；至於人數方面，有委員認為不應太多，也不應太少，具體數
字沒有定論；
3.2 關於提名團的作用，有委員認為提名團可控制候選人的人數，
保證候選人的質素達一定標準，以及提名一些有才幹而不會主動
參選的人士；
3.3 關於提名方法，有委員提出如要具體定出候選人的資格是很
困難的；另有委員提出提名方法可包括自薦方式；
3.4 贊成這方式的委員認為這方式可減低提名團的利益，出現偏
私的情形，另外，這方式限制了大眾的直接參與；還有委員提出
縱使提名團可以提名一些人才作為候選人，但如果這些人沒有政
治抱負，也是徒然的；
3.5 有委員贊成用提名方式提名候選人，但不贊成用一人一票的
選舉方式，認為用選舉團會較理想，而選舉團必然要比提名團大，
而成員須包括立法議員和大機構的代表。

4. 用選舉團方式（包括提名和選舉候選人）：
4.1 個別委員贊成採用這方式，因為提名團和選舉團是很難加以
分開。

5. 由提名團提名候選人名單，由選舉團選舉：
5.1 有委員提出有需要把提名團和選舉團分開，因為這會比較公
正。

6. 以協商方式產生：
6.1 至於從協商產生行政長官的方式，有委員表示不贊成，因為
恐防行政長官會因此由中央間接委任；委員對協商的人選和方法

未能達到共識。

※

⑪ 1986 年 8 月 4 日《各政制構想》（1986 年 8 月 12 日政制專責小組第六次會議討論文件一）

【P7-17】

（編者按：開始形成具體方案建議）

方案（一）陳弘毅《明報》（25/1/86）

行政長官產生方式：

行政長官由行政局成員協商，互選產生，再由中央政府任命。行政局成員由立法機關互選產生。

構思原則：

（1）保留現行政制優點。

（2）目前政制需要適當地變。

（3）必須同時照顧到香港社會內部各階層的利益及中央政府的意願。

（4）政制運作要高度穩定，盡量減少不同利益的對立及表面化。避免中央與香港社會潛在矛盾的激化。

備註：

成立一個由中央特區代表聯合組成的特別行政區委員會，進行審議由行政長官提交的有關可能違反基本法內關於中央特區權力劃分的部份。

方案（二）鄭宇碩《明報》（23/2/86、24/2/86）

行政長官產生方式：

由立法機關選舉，再由中央程序上委任。候選人必須得十位立法議員提名，以多輪投票，逐次淘汰一位候選人，直至其中一位取得過半數選票當選。

構思原則：

（1）政制改變要循序漸進。

（2）政府要穩定，有效率。

（3）政府必須受有效民主監督。

方案（三）太平山學會文件（4/86）

行政長官產生方式：

行政機關的主要官員透過立法局選舉產生，組成行政委員會，任期四年，實行集體領導，重要事務均須集體議決，及少數服從多數處理分歧。候選人必須是現任的立法機關成員或是競選連任的行政委員。行政委員在獲選後，須辭去立法機關的席位。行政委員會互選主席一人，作為名譽之行政長官。

行政長官或行政委員會主席人選每年（編者按：應為「每屆」之誤）重選，不得連任。中央政府對選出的行政長官只作榮譽或任命，不採抉擇或否決。

方案（四）民主公義協會《中報》（9/4/86）

行政長官產生方式：

由立法機關選舉產生，以淘汰公式，使最後一位候選人可以超過半數比例當選。候選人必須得到十位立法議員提名，每名議員可提名一次。獲選者任期 4 年，可以連任至多二屆，即 8 年。

構思原則：

「民主」、「公義」和「尊重人的價值」。

一切願意參與決策過程的港人都有均等機會參與。

方案（五）李華明《香港特別行政區的模式（芻議）》

行政長官產生方式：

由立法機關選舉產生，再由中央政府任命。

任期 4 年。

構思原則：

（1）保留現行政制優點。

（2）政制要適當地改變。

（3）政制不能太複雜，要顧及本港政治歷史、政治傳統及市民的政治水準。

（4）兼顧各階層利益。

（5）政制要穩定，要與中央協調及合作。

方案（六）匯點（7/86）匯點文件《對於香港特別行政區政制模式的建議》

行政長官產生方式：

行政長官由立法機關選出，報請中央人民政府正式任命，候選人必須已在港居住十年，並已登記成為選民的中國公民，但無須是立法機關成員。每位候選人需十位立法機關議員提名，每位立法機關議員只能提名一位候選人。可採用現行方法（可轉移單一選票法）。候選人必須取得絕對多數選票才可當選。任期為 4 年。

構思原則：

（1）民主

（2）政府高度穩定及有效率。

（3）有效但不過度的內部制衡。

（4）不以政黨政治為前提條件。

（5）與 97 年前政制盡量銜接。

方案（七）馮煒光《明報》（9/7/86）

行政長官產生方式：

由立法機關互選產生，任期與立法機關的任期一樣。

行政長官候選人以個人身份參選。

方案（八）張熾標《快報》（22/7/86）

行政長官產生方式：

候選人需十位立法局議員提名，經「大選舉團」投票，由獲得絕大多數票的候選人當選，並由中央人民政府任命。

「大選舉團」的成員包括立法局、區域議局、市政局及區議會的議員。

方案（九）中根《明報》

行政長官產生方式：

由立法機關提名數人為候選人，報請中央，並進行全民直接選舉，獲選者再由中央名義上任命。

方案（十）查濟民《明報》（7/8/85）

行政長官產生方式：

成立顧問局，由顧問局向中央政府提名或協商。

1997 年後初期的二、三任行政首長經顧問局協商後提名一位顧

問局以外的香港人,由中央政府同意後任命。

2010 年前後,行政長官產生方式:經顧問局協商後提名二至三名香港人,由北京同意後交香港全體選民普選,得多數票者由中央任命。

構思原則:

(1)政制的連續性。

(2)平衡民主與傳統的關係。(香港在1985年之前並沒有民主)。

備註:

顧問局由香港有資望人士組成。

顧問人選由行政長官提名,經中央政府批准後任命,為終身職,人數無限制。顧問局可在 1997 年前設立,顧問人選由港督向英國政府提請批准(英國政府應先取得中國政府同意)。

方案(十一)古星輝《鏡報月刊》(12/85)

行政長官產生方式:

由「行政顧問院」以民主協商或投票方式,再由中央人民政府任命。成立一個「行政顧問院」吸納香港工商各界有代表性的人物參加,以資產階級為主體,同時又容許中下層人士有其代表參與。行政顧問為數約 100 人,由基本法起草委員會在香港安排物色人選,分為界定團體代表、非界定團體代表和特邀代表。行政顧問可以提名行政長官候選人,但需有 20 人以上和議,才算有效。經六個月向各界諮詢後,以民主協商或投票產生行政長官,再由中央人民政府任命。任期八年,不能連任三次。

構思原則:

(1)保留香港行政、經濟運作的優點及效率。

(2)維護居民自由和生活方式。

(3)行政長官應是中央政府和港人都能接受,又不能隨便透過不信任票而罷免。

方案(十二)徐是雄諮委書面發言(19/1/86)

行政長官產生方式:

由「選舉委員會」經選舉或協商提名一位或多位行政長官候選人,經中央政府任命一位為行政長官。首屆香港特別行政區「選舉委員會」先由人大委任香港八位具有一定代表的人士組成一個「選

舉委員會」籌備小組，再由籌備小組負責組成一個有110至220人的「選舉委員會」（類似現今的諮委會）。

由第二屆開始，「選舉委員會」籌備小組的八位成員，改由主席（即主持會議的行政長官）或在主席缺席時由首席非官守議員提名，經議員協商提名或選舉通過，委任各階層具代表性人士出任。這個籌備小組負責籌組第二屆「選舉委員會」。第二屆行政長官，由立法局新選出的（1）、（2）、（3）部份的議員用協商或選舉方式提名（可以超過一個名額），由中央政府任命。

（編者按：該三部份的議員即12名由直接選舉選出、12名由社會功能團體選出、22名由各階層組成的「選舉委員會」選出）

方案（十三）薛鳳旋《大公報》（30/1/86至2/2/86）

行政長官產生方式：

行政長官由協商團產生。協商團由行政局全體非官守議員、立法局全體議員、功能團體、社會團體組成以協商為基礎，商討合適的人選。必要時以一人（或單位）一票的方式選出。

構思原則：

保留現行制度優點。

方案（十四）三方學會文件（3/86）

行政長官產生方式：

由立法機關及地區議會成員組成選舉產生，再由中國中央人民政府委任。行政長官可連任一屆。

備註：

（1）民主化

（2）立法、司法行政三權分立，互相制衡。

方案（十五）冼銘倫《明報》（28/3/86）

行政長官產生方式：

由香港各界人士與中央協商，經中央決定人選後，再由民選的立法機關審定同意。

提名由香港人提出，協商過程不公開。

構思原則：

（1）能不變就不變。

（2）按中英聯合聲明、主權更換及社會需要而適當地變。

【P19】

方案（十七）辛維思《明報》（23/5/86 至 28/5/86）

行政長官產生方式：

由香港各界人士自由提名，中央組成一個包括港人在內的遴選委員會，諮詢香港各界意見，產生一個不超過三個人的候選人名單，交由全港市民選舉，產生一個正式候選人（但在早期宜由立法局經全體 2/3 多數決定其中一人為正式候選人），再由中央人民政府任命。

行政長官可稱「市長」，任期五年，連續任職不得超過兩屆。

構思原則：

（1）避免行政長官、行政機關之間的分化對立。

（2）避免特別行政區政府與中央政府分化對立。

【P21】

方案（十九）吳夢珍《明報》（24/6/86）

行政長官產生方式：

首屆行政長官可由中英聯絡小組會同行政、立法兩局，以及當時的行政首長提名若干候選人，由中央人民政府作最後決定委任。

行政長官任期有限，但可以比立法議員任期稍長。第二屆及以後各界行政長官的產生，除了中英聯絡小組不再參與提名候選人外，仍可用上述方式產生。

構思原則：

（1）保留現存的優良制度。

（2）維護政局穩定。

（3）照顧社會各階層人士的利益及意願。現時各部門的諮詢委員會可繼續保留，成員由行政長官委任。

【P23】

方案（二十）高漢釗《文匯報》（29/6/86）

行政長官產生方式：

行政長官不應由立法機關選出，更不能由直接選舉產生，只能考慮間接選舉及協商方式。

構思原則：

香港無民主基礎亦無政黨存在條件，故只能有一定限度。

※

⑫《工商專業界諮委有關選舉未來特別行政區政府行政長官的建議》

（編者按：本文沒有標示日期，但其內容是對 1986 年 8 月《未來香港特別行政區政府架構芻議》一文的闡釋，故依此次序排列。）

【P1-4】

1. 引言

今年八月二十一日，工商專業界諮委發表了「未來香港特別行政區政府架構芻議」（編者按：「芻議」一文的原件中，日期為 8 月 16 日）。「芻議」包括「建議由六百人以上組成的選舉團投票選舉產生行政長官，並容後提議訂定提名方法……」。有關選舉團的提名過程及組成方式，本文將作進一步闡釋。

3. 行政長官

行政長官將擔當兩個角色：既是特別行政區政府禮節上的元首，亦為行政機關的領導人。

我們建議，行政長官由選舉團轄下一個「提名委員會」提名，然後經由「選舉團」選舉產生。任期為四年，任滿可再接受提名，當選可連任，但只能連任一次。

選舉方式方面，我們建議行政長官須獲得絕對多數票支持。假如首輪投票中未能產生絕對多數票，獲最高票數的兩位候選人將在次輪投票中再次競選。

3.1 選舉行政長官

行政長官由「選舉團」選出。「選舉團」包括立法機關成員、市政局、區域議局及區議會代表，以及香港各階層界別市民的代表，務使選舉團有廣泛代表性。「選舉團」的成員分別來自：

1）立法機關　80 人

2）法定團體及永久性非法定團體　50 人

3）市政局、區域議局及區議會　50人

4）社會服務、慈善及體育團體　60人

5）專業人士　60人

6）勞工界　60人

7）工業界　80人

8）商界　50人

9）金融界　50人

10）宗教／教育界　30人

11）公務員　30人

共600人

理由

1.比較所有其他同類建議，這個制度最能產生獨立的行政機關及立法機關。

a）具體而言，由於行政長官將由具有廣泛代表性的「選舉團」選出，而立法機關成員只佔「選舉團」總人數百分之十五以下，行政機關與立法機關，將可達到權力均衡。

b）另一方面，行政長官須向立法機關負責，故此行政機關及立法機關之間的權力，亦可收互相制衡之效。

c）「選舉團」制度有別於其他選舉方式，可減低產生對抗式政治的機會。

2.以上建議一方面可避免黨派政治，又可經由足以代表社會各階層的「選舉團」選舉產生行政長官。

3.2 提名過程

「選舉團」成員互相推選約二十人，組成「提名委員會」，「提名委員會」的職責為物色及遴選三名在各方面條件都合適的行政長官候選人。「提名委員會」成員本身不得競選行政長官，擔任「提名委員」後亦不可再在「選舉團」選舉行政長官時投票。

理由

1.我們覺得黨派對抗式政治對香港有損無益，因此建議開闢有效的途徑，以物色及遴選理性候選人，即使他們不主動爭取競選，亦可提名他們候選。

2.由於「提名委員」不能候選，「提名委員會」可更客觀地物色最理想人選。

4.選舉團的組織及運作

第一個選舉團須於一九九七年七月前成立，以便選出首任香港特別行政區行政長官。「選舉團」的具體組織成份可以由下列兩個方法其中之一決定：

a）由於「選舉團」的一般規則仍有待「基本法起草委員會」訂定，因此建議在「基本法起草委員會」以下成立一個小組，工作期限直至一九九七年，以決定「選舉團」的具體組織成份。或

b）由於聯合聲明指明中英兩國政府確保一九九七年政權的順利交接，「選舉團」的具體組織成份應由中英聯合聯絡小組負責。

一九九七年後，「選舉團」每一環節的組織成份如有需要作任何修改，應由特別行政區政府負責。

※

⑬ 1986 年 11 月吳康民《關於香港特別行政區政府結構的建議》

【P1-2】

1. 行政長官

1.1 行政長官需要市民的支持和信任，應由全港市民投票選舉。

1.2 行政長官須經中央人民政府任命，故候選人提名方式，宜保證當選人在中央政府的認可性。

1.3 建議由「行政長官候選人提名委員會」（見第 2 章）推出候選人三至五名，由全港市民直接選舉行政長官。

2. 顧問委員會（行政長官候選人提名委員會）

2.1 顧問委員會是行政長官及行政機關的諮詢組織。立法機關的一部份成員，亦由顧問委員會選舉產生。

2.2 顧問委員會約由一百八十人組成，由下列人士選舉產生：

（a）在任或已卸任的香港人大代表、政協委員

（b）已卸任的行政局、立法局議員

（c）已卸任的司級官員

（d）曾任基本法起草委員或諮詢委員

2.3 行政長官候選人提名委員會負責提名行政長官候選人，但委員會成員不得被提名為候選人。

2.4 行政長官候選人提名委員會由三十七人組成，包括

（a）香港全國人大代表五人

（b）香港全國政協委員三人

（c）立法機關代表十人

（d）司級官員代表三人

（e）市政局及區域市政局代表二人

（f）區議會代表三人

（g）社會團體代表十一人

各方面的代表，由該方面人士選舉產生。

※

⑭ 1987 年 1 月 16 日政制專責小組之行政機關的組成與行政長官的產生工作組及立法機關與立法機關的產生工作組《大選舉團討論文件（草稿）》（1987 年 1 月 21 日政制專責小組之立法機關工作組及行政長官、行政機關工作組第五次聯席會議討論文件）

【P1-6】

（編者按：針對「大選舉團」方案的討論）

1. 引言

在各種有關行政長官及立法機關的產生方法的意見，設有一個「大選舉團」去執行這兩種職責是其中的一種意見，但這些意見對於「大選舉團」的成立方法、組成的成份及其功能，均有多種不同的想法。

2. 大選舉團的功能

在各個大選舉團的建議中，其功能均離不開下列四項：

2.1 負責提名及選舉行政長官

2.2 負責行政長官選舉過程中的提名

2.3 負責選舉部份立法機關成員

2.4 作為行政長官的顧問

3. 成立大選舉團的原則

3.1 代表性要廣泛——大選舉團的代表性，應是越廣泛越好，社會上各個大小階層，均應有機會參與。

3.2 人數要多——理由是避免「大選舉團」易干擾到拉攏和控制，數目小的選舉團，容易受部份人士以正當或不正當手段操縱。但對於訂出多少的標準，是很難訂出一個客觀的數目，原則是大選舉團的成員多一定比少好。

3.3 成員要有民眾認可的法理地位——選舉團的成員任務是代表民眾去行使最重要的政治人事選擇權。因此每位成員應當具備一定的條件，而不是隨某人或某團體的意志被選進選舉團之內，這些條件最好是早已公認的。

3.4 組成的方法要簡單清楚——大選舉團的組成方法，最好是制度化的，過程要容易使人明白，接受。

4. 大選舉團的組成部份：

在各種不同的建議中，大選舉團的組成方法，都離不開下列的各種成份：

4.1 行政局非官守議員。

4.2 立法機關成員。

4.3 區域組織成員——這可包括市政局、區域市政局、及各區區議會成員。

4.4 功能團體——根據目前法例定出或以後進一步修訂的功能界別、團體作為單位，由這些單位按名額派出代表，參加大選舉團。

4.5 社會團體——除在目前功能界別選舉訂出的界別與團體外，而有很多富有代表性的法定及永久性非法定、慈善、福利、體育等公眾團體，應被納入大選舉團的組成部份。

4.6 基本法諮詢委員會——參考目前基本法諮詢委員會的組成方法及成份，組成一個大選舉團，或作為大選舉團的一部份。

4.7 特區人大，政協的成員——雖然目前對將來特區人大代表及政治協商會議委員的產生方法仍未明朗，但估計未來特區必有這兩類國家事務的代表。既然地區性各層面的議員都被納入大選舉團的組成，這些代表香港特區出席全國性的政治機構的代表，也應成為大選舉團的部份成員。

4.8 政界、工商界元老——政府及工商界已退休的領導人物，包括行政局、立法局的退休議員及退休的高級公務員。

5.暫時性與常設性

除一些建議大選舉團亦作為行政長官的顧問委員會外，所有其他的建議下的大選舉團都不是常設性的，在每次選舉功能完結後，即自行解散。

6.下列為對大選舉團的組成方法的一些具體建議：

6.1 查濟民（1985 年初）

（1）組成成份：「顧問局」由香港政府的顧問組成，其中包括退休的行政、立法局議員，及工商財經、法律教育各方面的專業人士，現任的行政、立法局顧問不能兼任顧問。一般而言，顧問多是本地已退休的、或年長的有名望人士。人數不限，終身職。

（2）組成方法：由港督提名，經中央政府批准。

（3）功能：「顧問局」的職權包括向中央政府提名或協商總督人選，與立法局協商後向中央政府提請修改基本法的細節，以及在顧問局成員中互選三分之一的立法局議員。此外，顧問院成員亦為港督及首席部長的顧問，但港督並不會像目前對待行政局一樣，事事與顧問商量。

（4）特點／理由：

1）顧問局本身雖然不是立法機關，但三分之一的立法議員來自顧問局，因此顧問局對立法機關有重大的影響力。

2）「顧問局」的終身制可以保持顧問的獨立性，避免港督因個人的利益而影響顧問的選取。

3）尊長的觀念無論在香港、中國甚至英國都有，比如香港很多社團，除董事局外都有顧問委員會，中國又有中共中央顧問委員會，「顧問局」這觀念所以成立，乃基於人對傳統的精神的信任，因此港督從社會上公認有成就而不再擔任日常事務的人中選擇顧問，乃相信他們的經驗及能力對社會有益。

6.2 古星輝《鏡報月刊》（1985 年 2 月）

（1）組成成份：以香港工商金融界有代表性人物為主，又容納中下層人士，組成「行政顧問院」，人數約 100 人。

（2）組成方法：由基本法起草委員會在港委員安排物色，分為界定團體代表、非界定團體代表及特邀代表。

（3）功能：「行政顧問院」可以提名行政長官候選人，但需 20 人以上和議，才算有效。選出候選人之後，候選人必須宣佈其政

綱，再由行政顧問院收集各階層人士之意見，諮詢期為 6 個月，然後以民主協商或投票方式產生行政長官。此外，「行政顧問院」亦可選出百分之三十的立法局議員。

（4）特點／理由：「行政顧問院」的成員來自不同階層，可以代表不同階層的利益，亦減少階級之間的對立和隔閡。顧問院為一常設性組織，負責向行政長官提供有關施政上的意見。

6.3 陳弘毅《明報》（1986 年 1 月 25 日）

（1）組成成份：「顧問院」的成員人數不固定，但不少於 60 人，不多於 120 人。

（2）組成方法：「顧問院」由中央人民政府委託在港若干人士發起及籌組。籌組方式類似成立基本法諮詢委員會的辦法。部份成員由發起人根據各界團體的推薦而邀請參加，部份成員由發起人主動邀請。成員任期四年，可獲連任。

（3）功能：「顧問院」的主要職權是以協商或推選形式推選 20 人成為立法機關議員。被顧問院推選人士，本身可以是顧問院成員，也可以不是。此外，顧問院成員如獲行政長官邀請，可以參加政府的諮詢委員會，提供顧問服務。顧問院成員亦可被委為區議會議員。

（4）特點／理由：

1）「顧問院」成員預計多為親中人士及商界代表，他們可以選舉三分之一（即 20 位）立法局成員，即肯定親中人士及工商界的利益在立法局內將得到保障。

2）「顧問院」為常設機構。

3）「顧問院」專為產生部份立法機關成員而設，與行政長官產生無關。

6.4 薛鳳旋《大公報》（1986 年 1 月 30 日）

（1）組成成份：由行政局全體非官守議員、立法局全體議員，功能團體、社會團體組成「協商團」。

（2）組成方法：（未有列明）

（3）功能：成員以協商為基礎，商討適合的行政長官人選，必要時以一人（或單位）一票的方式選出。

（4）特點：（未有列明）

6.5 三方學會（1986 年 3 月）

（1）組成成份：「選舉團」由立法機關及地區議會成員組成。

（2）組成方法：以法例訂出上列議會議員為當然成員。

（3）功能：選舉未來行政長官，再經中央人民政府委任。

（4）特點：（未有列明）

6.6 張熾標《快報》（1986年7月22日）

（1）組成成份：「大選舉團」成員包括立法局、區域市政局、市政局及區議會議員。

（2）組成方法：以法例規定上列議員為成員。

（3）功能：「大選舉團」根據立法局議員提交的行政長官候選人名單（每位候選人起碼得10位立法議員提名）投票。獲得最多票數的候選人將成為行政長官。

（4）特點／理由：「大選舉團」的選舉方法保證未來的行政長官將會受到社會各階層人士的支持。提名由立法機關執行。

6.7 工商界專業諮委（71人）（1986年11月4日）

（1）組成成份：行政長官由「選舉團」選出，「選舉團」成員約共600人，組成如下：

立法機關成員　80人

法定團體及永久性非法定團體　50人

市政局、區域議局及區議會　50人

社會服務、慈善及體育團體　60人

專業人士　60人

勞工界　60人

工業界　80人

商界　50人

金融界　50人

宗教／教育界　30人

公務界　30人

（2）組成方法：由各界定團體選出代表。（具體方案尚在研究中）

（3）功能：「選舉團」的主要工作是選舉行政長官。在「選舉團」之下有一提名委員會，由20位選舉團成員組成，工作為物色及遴選三名在各方面條件都合適的行政長官候選人，該委員會成員不能作行政長官候選人，亦不能參與投票，只有選舉團中非提名委員會成員才能投票選出行政長官。

此外，「選舉團」亦可選出百分之二十五的立法機關成員。

（4）特點／理由：

1）「選舉團」的成員具廣泛代表性，由它選出的行政長官，將可充份代表各界別階層的利益。

2）以「選舉團」方式產生行政長官，將可避免一人一票選舉所可能會產生的黨派政治及對抗式的政治環境。

3）避免行政長官由立法機關選出所形成的行政及立法機關不獨立的情況。

4）由「選舉團」選出百分之二十五的立法機關議員，可使一些具優秀能力，但卻沒有透過功能團體及地區選舉而進入立法機關的人有問政的渠道，藉以鼓勵各界精英加入立法機關，亦代替目前的委任制。

5）這方法亦可以令立法機關能專心工作，不用在黨派政治上浪費精力。

6.8 徐是雄（1986年11月8日）

（1）組成成份：「遴選委員會」由各界定團體推選代表組成。界定團體的名單及所推選的委員數目應與現有的「基本法諮詢委員會」的組成相同。

（2）組成方法：參考基本法諮詢委員會的方法。

（3）功能：「遴選委員會」提名三至五位行政長官候選人，經由中央政府批准後，再由全港市民普選。

（4）特點／理由：

1）「基本法諮詢委員會」的組成方法深為香港人接受，故以同樣的方式組成行政長官的「遴選委員會」相信亦會為一般港人贊同。

2）候選人要中央批准。

6.9 港人協會（1986年1月2日）

（1）組成成份：「大選舉團」的組成基於立法機關產生形式中的非直接選舉成份。其中包括功能界別代表及地域選舉團成員。功能界別代表又包括三種力量：工商金融界、基層（勞工及社會服務界）以及專業人士。

（2）組成方法：在選舉立法機關時，功能界別及地域選舉團分別選出代表進立法局。在推選行政長官時，上述團體以同樣方式在各單位內選出 10 名代表組成大選舉團，選舉行政長官。

港人協會對未來立法機關的組成有兩個建議，一為將目前的 12 功能席位擴至 30 位，連同目前的 12 個選舉團席位，即將來的大選舉團有 420 人。另一構想為將目前的功能席位擴至 40 個，目前的

選舉團席位擴大至 16 個，即將來的選舉團共 560 人。（另有以普及直接選舉產生的席位，但不包括在大選舉團的產生方法內）

（3）功能：「選舉團」的主要工作是選出未來的行政長官。「選舉團」本身是一個兼具提名權及選舉權的組織，候選人必須得到百分之十的選舉團成員提名才能參與競選，若候選人本身為選舉團成員之一，則在獲得提名後，當退出選舉團，其席位為有關選舉團單位選舉代表補上。選舉團成員不能由立法機關議員出任，以貫徹行政及立法制衡的原則。「選舉團」除作內部提名外，亦應公開邀請外界提名行政長官候選人。外界乃指有資格選舉代表組成選舉團的功能組別和地區議會之外的社會團體，個人並無提名權。

「選舉團」接收到所有候選人提名後，當對候選人的資格進行審查，然後安排機會聆聽候選人的政綱及對此作質詢，最後對候選人作不記名投票。候選人必須得到選舉團全部成員一半以上選票才作當選。

（4）特點／理由：

1）「選舉團」的基本結構為功能團體和地區議會，這些基本結構有長遠歷史並為一般人所接受，是香港最受重視的政治階梯，亦涵蓋了選舉政治中的兩大原則（功能原則和地域原則），因此由「大選舉團」選出的行政長官將會受一般人信任和接受。

2）此外，港人協會認為選舉團中代表社會上兩極利益的工商界和基層代表的席位將各百分之三十至三十五；代表專業和地方議會的席位則各不超過百分之十五至二十，因此任何階層都沒有壓倒性的優勢，故所選出的行政長官必須是能照顧各方面的利益的。

3）立法機關與行政長官由兩個不同的渠道產生，有助兩權分立的原則。

7. 贊成大選舉團的普遍理由

7.1 更照顧到香港的整體利益，因為他們無需向某一功能界別或地區的選民直接負責；其次，他們還可以起到平衡和緩衝經功能界別和直接選舉出來議員之間的矛盾和對抗。

7.2 保障社會各階層的均衡參與。

7.3 選出一些態度持平，為各界接受，且踏實做事和有全面政治才幹的人，可鼓勵各界精英加入，代表委任制。

7.4 減低社會政治過熱。

7.5 由部份上一屆立法機關議員組成其一部份大選舉團選下屆立法機關議員，並無邏輯上的錯誤。這做法更可保障連貫性、穩定性。

7.6 在有包括人大、政協成員的大選舉團，可保證親中力量的參與。

7.7 向一些無法通過功能界別及地區選舉產生，但具備特質，對政府效率有幫助的人，提供其他問政渠道，避免滄海遺珠。

7.8 保持穩定性、連貫性。

8. 反對大選舉團的理由

8.1 特區階級政治，保障一小撮人利益。

8.2 偏重工商界上層階級。

8.3 某些界別有重複代表性。

8.4 易受一小撮人控制。

8.5 包括立法機關成員的大選舉團自選立法機關部份成員不合邏輯。

8.6 產生方法未清楚。

8.7 不是真正的選舉，而是變相委任制。

8.8 政治精英主義引致民憤，製造社會不安，影響過渡。

9. 結語

「大選舉團」的建議，主要是在普及直選和在立法機關基礎上去產生行政長官的兩個方法外，再提出一個可行的方法，有一些建議也包括了產生部份立法機關成員的功能在內。但對「大選舉團」的組成方法、成份，意見參差很大。

※

⑮ 1987 年 3 月 13 日政制專責小組之行政機關與行政長官的產生工作組《行政長官的產生討論文件（一稿）》（1987 年 3 月 19 日政制專責小組之行政機關與行政長官的產生工作組第一次會議討論文件）

【P1-14】

（編者按：針對之前提出的方向概念和建議進行討論）

第一稿

1. 前言

1.1 聯合聲明有關條文：

中英聯合聲明中關於行政長官的產生方法有如下的條文：「香港特別行政區行政長官在當地通過選舉或協商產生，由中央人民政府任命。」（附件一第一節），但聲明內對選舉或協商的具體內容卻沒有說明。

1.2 目前情況

就目前的情況，港督是由英國外交及聯邦事務部從其公務員（通常是外交及聯邦事務部職員）中就其資歷及經驗，揀選適合的人選，經首相同意後，再呈上女皇任命。整個揀選過程由英國政府負責，香港人在這過程中沒有任何參與。

香港各界人士討論行政長官的產生現在主要集中於討論不同的選舉及協商方法。到目前為止，就行政長官的選舉方法，有下列幾種建議：（1）由普及性的直接選舉產生；（2）由大選舉團選舉產生；（3）由立法機關選舉產生。就協商的方法，主要指中央與香港人士共同協商。本討論文件將集中討論各項產生行政長官的建議，以及它的理由／特點及贊成和反對的意見。

2. 由普及性的直接選舉產生行政長官

行政長官的產生方法之一是經普及性的直接選舉產生。所謂「普及性」，是指選民的資格除年齡及公民身份外（或「一般選民資格外」）[1]，並無任何其他限制。「直接選舉」是指選民直接投票，在候選人名單中，以多數票決定其中一人出任行政長官。

經普及性的直接選舉產生行政長官通常包括兩項程序：提名及選舉。這兩項程序中有關選舉的部份，各方案的建議及贊成和反對的意見都基本相同，但就提名的方法，卻有不同的意見，分別是（1）由立法機關成員提名；（2）由提名團／選舉團提名；（3）由市民公開提名。以下會首先介紹「普及性的直接選舉」中的選舉形式及正反意見，然後再列舉各項提名方法和正反意見。

註 1：公民身份的定義尚在研究中（見「居民定義、出入境權、居留權、豁免遞解離境權、選舉權及被選舉權」最後報告，目前香港並無「公民」這定義的。）

2.1「普及性的直接選舉」中的選舉程序

選舉形式：全港合格的選民（除年齡及公民身份或一般選民資格外，

無任何其他限制）以直接投票方式，在選舉人名單中，以多數票決定其中一人出任行政長官。

不同的意見：

贊成	反對
（1）有利安定繁榮	不利安定繁榮
（2）政黨產生是必然而又健康的發展	催化政黨對抗性政治
（3）各利益集團、社會階層公開自由競爭。	不能保障各階層代表性
（4）比例代表選舉可照顧社會上少數人士的利益	對少數人士不公平，不能保障社會上少數人士的利益。
（5）公民意識已有增長／難定準則	公民意識未成熟
（6）由於可贏取大眾支持，免除政策反覆或修改而導致之費用，故可減少公費開支。	政客政治引致公費開支增加
（7）符合平等參與原則	在分區選舉上，一人一票事實上並不平等，因為很難做到每票的效果相同。
（8）現代社會發展的最佳形式	香港社會不適宜引用西方民主方式
（9）民主化要配合經濟發展	過份、太快的民主化不利經濟發展
（10）加強政府合法性	選民未必理性
（11）更有效地直接向選民負責	易造成「免費午餐」
（12）可鼓勵人民參與政治	社會政治過熱
（13）可體現高度自治	高度自治不一定要通過「普及直選」體現出來
（14）普及直選才可以建立一個能向北京說「不」的政府	由其他途徑選出的議員所組成之政府亦敢向北京說「不」

贊成	反對
（15）無「普及直選」就無民主	「普及直選」只是民主的一種形式，沒有直選，也可以有民主。
（16）由現在至九七年尚有一段時間，各人可藉這個契機建立個人政治資本，各人的參政機會都是均等的。	因機會成本不一樣，起步時間不一樣，各階層參選機會不均等。
（17）獲選人士多為社會上的「中間」派，故其可預測性是較大的。	直接普選的不可預測性對社會安定不利

2.2「普及性的直接選舉」中的提名程序

2.2.1 由立法機關成員提名

行政長官候選人由某數量立法機關成員（例如十人或總人數的十分之一）提名，每位立法機關成員只能提名一位候選人，再經普及性的直接選舉產生。（香港基督教協進會公共政策委員會 10/86，190 人方案 10/86，中根 7/86）

不同的意見：

贊成	反對
（1）能貫徹行政、立法機關互相制衡的原則，並加強二者的溝通及合作。	立法機關成員能透過提名控制行政長官的候選人，有違三權分立的原則。
（2）立法機關成員提名，可以限制候選人的數目及質素。	立法機關成員可透過提名揀選只為他們帶來利益的行政長官候選人，且違背公平的原則。
（3）所有立法機關成員均能提名，程序不算封閉。	提名程序不開放

2.2.2 由提名團 / 選舉團提名

行政長官候選人由特定的提名團 / 選舉團提名，再經普及性直接選舉產生。在這建議之下，就提名團或選舉團的組成，亦有不同的構思。

2.2.2.1 提名團由本港立法機關全體成員及同等數目之中央委任之

當地人士組成，行政長官候選人須得到兩類提名成員各八分之一支持。（大學畢業同學會政制組 11/86）

不同的意見：

贊成	反對
（1）保證候選人同樣受到立法機關成員及中央政府的支持，且可加強各方面的溝通。	中央政府可參與揀選香港的行政長官候選人，有違高度自治的原則。
（2）提名者包括立法機關全體成員及中方委任之本地人士，程序不算封閉。	提名程序不開放

2.2.2.2 全港所有已登記為選民的人都可提名行政長官候選人，再由一「候選人團體」對候選人作初步遴選。「候選人團體」成員包括曾任立法機關、市政局、區域市政局，區議會之民選成員，以及現任行政長官，和由功能組別選舉產生的某數量代表。最後行政長官由普及性的直接選舉產生。（基督徒弘道社 11/86）

不同的意見：

贊成	反對
（1）所有已登記的選民都可提名行政長官候選人，避免這權力只由某小撮人擁有，亦保證各階層都可透過提名程序爭取自己的利益。	提名程序完全公開，難以保證行政長官候選人的質素和數目。
（2）「候選人團體」成員的來源甚廣，包括各階層代表，可保證遴選行政長官時能兼顧各方的意見。	不保證「候選人團體」成員能代表各階層利益
（3）「候選人團體」對行政長官候選人作初步遴選，避免候選人數目太多或質素太參差。	某小撮人有額外權力初步遴選行政長官，有違公平的原則。

2.2.2.3 行政長官候選人須經 20 名合格選民提名，而每提名人只能提名一位候選人。若候選人數超過 5 人，則由一「遴選委員會」經協商或選舉產生 5 名正式候選人。「遴選委員會」人數約 150

至 200 人，由各功能團體代表組成，職責為檢查行政長官候選人的資格。待行政長官宣誓就職後，「遴選委員會」會自動解散。行政長官候選人經認可為正式候選人後，便由普及性直接選舉產生行政長官。（學友社 8/86）

不同的意見：

贊成	反對
（1）「遴選委員會」人數眾多，代表性強，故遴選時將能反映各階層利益及意見。	不保證遴選委員能反映各階層意見
（2）遴選委員對候選人作初步遴選，可保證候選人的數目及質素。	遴選的權力由小撮人擁有，有違公平原則。

2.2.2.4 設立一「行政長官候選人提名委員會」，推出行政長官候選人三至五名，再經普及性直接選舉產生行政長官。「行政長官候選人提名委員會」由 37 人組成，包括香港全國人大代表 5 人，香港全國政協委員 5 人，立法機關代表 10 人，司級官員代表 3 人，市政局及區域市政局代表 2 人，區議會代表 3 人，社會團體代表 11 人。上述各方面的代表，將由有關方面人士選舉產生。（吳康民 11/86）

不同的意見：

贊成	反對
（1）提名委員包括各階層代表，故在遴選行政長官候選人時將可反映各界別利益，均衡各階層意見。	提名委員的組合不代表他們反映各階層意見
（2）提名委員會對行政長官候選人作初步遴選，可保證候選人的數目及質素。	遴選的權力由小撮人擁有，有違公平的原則。

2.2.2.5 設立一個「遴選委員會」，成員約 60-80 人，人選分別由各「界定團體」推選，再經人大委任。「界定團體」的名單及每團體推選的委員數目，大約應與現有的「基本法諮詢委員會」

組合的情況相同。任何有關「遴選委員會」成員組合的細節修訂，應由人大或其委任機關擔當。所有遴選委員都應該是有代表性的香港居民，熟悉香港的情況及需要，遴選委員的其中一項重要工作是推選三至五名行政長官候選人，經中央批准後，再交全港市民進行普及性直接選舉。（曹宏威、唐一柱、何鍾泰 8/86）

不同的意見：

贊成	反對
（1）「遴選委員會」中「界定團體」的組合乃依據「基本法諮詢委員會」的組合藍本，既然「基本法諮詢委員會」的組成深受港人接受，故「遴選委員會」亦會為人贊同。	「基本法諮詢委員會」中「界定團體」的組合亦有未達完善之處
（2）人大或其委任機關可修訂「遴選委員會」成員組合的細節。故選出的行政長官將會既為中央接受，又獲群眾支持的。	人大參與遴選行政長官，有違高度自治的原則。

2.2.2.6 設立一個由中央政府組織和任命的「提名委員會」，人數不宜太多，其中包括有當然成員，例如國務院港澳辦公室主任（或將來的相應職位），或香港人（是否硬性規定要有港人參與尚待考慮）。然後經全民投票（可以用兩輪多數的投票方法）產生行政長官。（雷競旋 1/87）

不同的意見：

贊成	反對
（1）保證候選人的質素，並令其數目不致太多。	提名過程由小撮人擁有，有違公平的原則。
（2）「提名委員會」由中央政府組織及任命，可保證它能照顧中央的利益，防止中央及地方可能產生不協調的危機。	中央參與選舉未來的行政長官，有違高度自治的原則。

贊成	反對
（3）「提名委員會」由中央組織，可保證委員會具有基本的共同意向及一致性，更有效地達至刻意照顧某些階層的目的。	保障香港的安定繁榮要靠全港市民的共同努力，不應該突出某一階層的功勞，故亦不應刻意照顧某階層的利益。

2.2.3 由市民公開提名：

行政首長由市民公開提名，經普及性的直接選舉產生。（香港大學學生會基本法專責小組問卷調查 11/86）

不同的意見：

贊成	反對
（1）行政長官公開提名，保證各階層人士都能透過推選過程而反映自己的利益。	提名過程完全公開，難以限制候選人的數目及保證他們的質素。

3. 由大選舉團產生行政長官

在各種有關行政長官產生方法的意見中，設有一個「大選舉團」去執行這種職責是其中的一種，但這些意見對於「大選舉團」的成立方法、組成的成份及功能，均有多種不同的想法。

3.1 大選舉團的功能

在各個大選舉團的建議中，其功能均離不開下列四項：

（1）負責提名及選舉行政長官

（2）負責行政長官選舉過程中的提名

（3）負責選舉部份立法機關成員

（4）作為行政長官的顧問

3.2 成立大選舉團的原則

（1）代表性要廣泛——大選舉團的代表性，應是越廣泛越好，社會上各個大小階層，均應有機會參與。

（2）人數要多——理由是避免「大選舉團」易干擾到拉攏和控制，數目小的選舉團，容易受部份人士以正當或不正當手段操縱。但對於訂出多少的標準，是很難訂出一個客觀的數目，原則是大選舉團的成員多一定比少好。

（3）成員要有民眾認可的法理地位——選舉團的成員任務是代表

民眾去行使最重要的政治人事選擇權。因此每位成員應當具備一定的條件，而不是隨某人或某團體的意志被選進選舉團之內，這些條件最好是早已公認的。

（4）組成的方法要簡單清楚——大選舉團的組成方法，最好是制度化的，過程要容易使人明白，接受。

3.3 大選舉團的組成部份

在各種不同的建議中，大選舉團的組成方法，都離不開下列的各種成份。

（1）行政局非官守議員。

（2）立法機關成員。

（3）區域組織成員——這可包括市政局、區域市政局、及各區區議會成員。

（4）功能團體——根據目前法例定出或以後進一步修訂的功能界別、團體作為單位，由這些單位按名額派出代表，參加大選舉團。

（5）社會團體——除在目前功能界別選舉訂出的界別與團體外，而有很多富有代表性的法定及永久性非法定，慈善、福利、體育等公眾團體，應被納入大選舉團的組成部份。

（6）基本法諮詢委員會——參考目前基本法諮詢委員會的組成方法及成份，組成一個大選舉團，或作為大選舉團的一部份。

（7）特區人大、政協的成員——雖然目前對將來特區人大代表及政治協商會議委員的產生方法仍未明朗，但估計未來特區必有這兩類國家事務的代表。既然地區性各層面的議員都被納入大選舉團的組成，這些代表香港特區出席全國性的政治機構的代表，也應成為大選舉團的部份成員。

（8）政界、工商界元老——政府及工商界已退休的領導人物，包括行政局、立法局的退休議員及退休的高級公務員。

3.4 暫時性與常設性

除一些建議大選舉團亦作為行政長官的顧問委員會外，所有其他的建議下的大選舉團都不是常設性的，在每次選舉功能完結後，即自行解散。

3.5 下列為對大選舉團的組成方法的一些具體建議：

（編者按，本文第 3.5 點內容同第一稿文件⑭第 6.1-6.9 點，惟對文件⑭第 6.8 點作出修訂。）

3.5.8 徐是雄（1986 年 12 月）

（1）組成成份：大選舉團人數約 300-600，組成如下：

（一）由直接選舉和功能團體選舉產生的立法機關成員或代表（這些人士無被選舉權）

（二）市政局及區域市政局議員或代表

（三）區議會議員或代表

（四）各界定團體代表包括：

1. 工商界——工業、貿易、航運、航空、旅遊。

2. 金融、地產界——銀行、保險、證券、地產、建造。

3. 法律界——大律師、業務律師、法官。

4. 專業人士——學者、工程師、建築師、測量師、會計師、醫務、教育、文藝、體育、科技。

5. 傳播媒介——電視、電台、新聞、雜誌、出版。

6. 社團、基層——勞工、公務員、社工、論政、慈善、漁農、街坊組織、鄉事會、鄉議局、小販、學生。（公務員被選中後必須放棄公職）

7. 宗教界——基督教、佛教、天主教、回教、道教、孔教。

8. 外籍人士。

9. 婦女界。

（五）香港區全國人大代表或部份代表

（六）政協委員或代表。

（2）組成方法：

以上「大選舉團」的產生由人大委任香港多位具一定代表性的人士組成一個選舉籌備小組，再由籌備小組統籌組成「大選舉團」，籌備小組的成員沒有被選舉權。

（3）功能：大選舉團可以選出三分之一（22人）立法機關成員。九七年後第一屆行政長官的產生將由「大選舉團」提名二至三位行政長官候選人，報請中央同意，然後由「大選舉團」選出。第二屆由「大選舉團」提名二至三位行政長官候選人，報請中央同意，然後作普選。

（4）特點／理由：

1）「大選舉團」成員有多過一個代表身份的，也只能投一票。

2）經「選舉團」選出來的立法機關成員，更能照顧到香港的整體利益，因為他們無需向某一功能團體或地區的選民直接負責；其次，他們還可以起到平衡和緩衝經功能團體和直接選舉出來成

員之間的矛盾和對抗。

3）通過「選舉團」可以比較容易選出一些態度持平、為各界接受、肯踏踏實實做事和有全面政治才幹的人才。

4）立法機關在特別行政區政府成立約六至八年後，檢討考慮削減「大選舉團」11個議席改為直接選舉的可能性；再過六至八年檢討考慮把其餘的11個「大選舉團」議席，也改為直接選舉。再過若干年可以考慮是否把功能團體的議席也取消，改為直接選舉。由此可見，建議的大選舉團並不是一個長期的組織。

5）如果將來大選舉團被取消，行政長官將改由立法機關提名，報請中央同意，然後作普選。

3.5.9 建議由協商方式產生行政長官的方案中亦有部份贊成由特定的選舉團參與這工作，請參閱 5.1.2。

3.6 贊成大選舉團的理由

（編者按：本文第 3.6 點內容同第一稿文件⑭第 7. 點）

3.7 反對大選舉團的理由

（編者按：本文第 3.7 點內容同第一稿文件⑭第 8. 點）

4. 在立法機關基礎上選出行政長官

在立法機關基礎上選出行政長官是眾多選出行政長官方法的一種。其中又包括2種形式（1）立法機關成員提名行政長官候選人，再由立法機關成員選舉；（2）立法機關成員互選組成行政委員會，再由行政委員推選一名行政長官。上述方式都有不同的理由及贊成和反對的意見，以下分別討論。

4.1 立法機關內以直接選舉產生

行政長官候選人資格不限，經某數量的立法機關成員（比如十人）提名後，便可以參加競選。選舉由立法機關成員進行，候選人必須取得絕對多票數才能當選。〔匯點（7/86）、馮煒光（7/86）、鄭宇碩（2/86）、李華明〕

特點／理由

（1）行政長官由立法機關選出，保證行政長官得到立法機關一定的支持及信任，減少二者對抗的可能。

（2）大部份建議行政長官由立法機關選出的模式中，立法機關都是由混合式的選舉（包括功能團體選舉、直接選舉及地域選舉）產生，保證立法機關能照顧社會各階層利益，而經此類立法機關

選出的行政長官，將必亦能代表社會各階層的利益。

（3）候選人的資格不限，可以容許社會上更多有志之士參選，而不一定要首先屬於某些團體。

4.2 立法機關內以間接選舉產生

立法機關先互選產生行政委員會，再由行政委員互選或協商推出一位行政長官，作行政委員會的主席，但所有政策都靠集體商議，實行集體領導制。〔陳弘毅（27/1/86）、太平山學會（4/86）〕

特點／理由

（1）集體領導制可避免以一位行政長官作整個政府權力中心而可能產生的不穩定。因為假如選了一位昏庸無能或與中央關係惡劣的行政長官唯一領導人，將對社會有惡劣的影響，但在集體領導下，即使委員會內有少數能力低的委員，因為所有決定都經集體討論而作出，故影響將會減少。另一方面，如果選出的首長是極能幹的領導，在「首長領導制」下可能培養出政治強人，如果他的政治影響力過大，可能會使中央不滿，容易破壞中港關係。

（2）集體領導制符合香港多元化的社會形態，因為香港有不同的階層，亦有不同的利益，集體領導制保證不同階層的代表能參與最高的行政決策，提供機會讓各方面溝通及協調，從而使權力及利益都能平均分配。

（3）集體領導制能培養委員間合作的精神，共同領導行政機關，這既可避免各方面因爭取最高領導權而產生磨擦及猜忌，亦有利於容納和保留政治人才，因為如果將行政權集於一人身上，很多有才幹的人將會因政見不同而被摒於領導層外，甚至被迫形成反對派。

（4）行政長官人選兩年重選一次，不可連任，以體現集體領導之特色。

（5）行政委員會各有專責部門，地位平等，重要事務均須集體議決，以少數服從多數，行政長官沒有特別的權力。行政長官除專責所屬之部門外，需額外負責召開和主持行政委員會的會議，以及對外行使禮節性和榮譽性之職務。

4.3 對在立法機關基礎上選出行政長官的不同意見

贊成	反對
（1）行政長官由立法機關選出，可保證他受到立法機關的支持和信任，卻又能互相制衡。	行政長官由立法機關選出，有違三權分立的原則。
（2）立法機關以多種形式的選舉（功能團體選舉、直選及間選）產生，保證成員有一定的代表性，而經立法機關選出的行政長官，將亦能代表各階層的意見。	立法機關成員雖然代表不同的利益，但不表示由他們選出的行政長官將一定能代表各界的利益。
（3）政黨產生是必然而又健康的發展	催化政黨政治

5. 由協商產生行政長官

中英聯合聲明提及協商亦是產生行政長官的一種形式，但具體形式卻沒有詳細說明。根據本地人士提議由協商產生行政長官的方案來看，「協商」的一個主要特點是中央政府對行政長官的揀選，不論在提名、諮詢或決定的程序中都有較大的參與，以下是一些建議行政長官由協商產生的構想。

5.1 由協商產生行政長官的建議

5.1.1 行政長官候選人可由立法機關成員或各界團體提名，中央按初步名單先刪除一些中央或香港大部份人士或社會上某些階層不能接受的人選，然後進行第二輪協商，即以不定形式與個別立法局機關成員、各大工商社團、政治團體和基層組織商量，然後決定一個最能為絕大多數人接受的候選人，提交立法局通過。（冼銘倫 3/86）

理由／特點

（1）這方法既包括中央協商各界人士的意見，又保證最後行政長官的人選得立法機關的同意，因此選出的行政長官將會為中、港雙方接受。

（2）整個協商過程將不公開，以免當事人尷尬或互相影響，但因為結果必經立法機關通過，故過程即使不公開，亦不違反民主原則。

（3）立法機關在行使審定權之前，不能通過法案推舉人選，以致

架空了中央協商產生行政首長的職權。

（4）這方法產生的行政長官將會是個低調而又能協調各階層利益的人，這種鼓勵協作的做法，將有利於各方面的協調，對香港脆弱的政治環境有重要意義。

5.1.2 行政長官候選人由各界人士自由提名，然後由中央政府組成一個包括港人在內的遴選委員會，諮詢立法機關成員和各界社團（包括功能團體、政治團體、基層組織）的意見，產生一個不超過三人的最後候選人名單，交立法機關討論，經三分之二全體成員通過，選任一位為正式候選人，最後由中央政府任命。此中央協商模式實施一段時間後，如果社會條件適合，可將三位的候選人名單交全港市民選舉。（辛維思5/86）

理由／特點

（1）協商由中央主持，但特區立法機關亦有相當大的參與權，可保證未來的行政長官同樣受中央政府及立法機關的接受。

（2）未來的行政長官將可協調中央與香港的關係，以及行政機關和立法機關的合作。

5.1.3 立法機關成員互選5人，中國香港人大代表互選5人，共同組成一個公平而均衡的「十人提名小組」、提名小組以協商形式從（1）立法議員，（2）公務人員，（3）其他各界人士中推薦三位行政長官候選人，然後由北京中央政府從三人中選任一位作為特區的行政長官。如果三人均不適合，則發還提名小組再推薦。（羅桂祥9/86）

理由／特點

（1）這方法較公平和均衡，將會獲得大眾的支持和信任。

（2）整個過程保證只有背景、資歷和能力都最好的人才能被挑選及委任。

（3）協商制度避免政黨選舉產生的混亂。

（4）特區與中央政府代表參與選出行政長官，可保證他能得到兩方面的支持。

5.1.4 建議由大選舉團產生行政長官的方案中亦有部份含協商的成份，請參閱3.5.1，3.5.2及3.5.3。

5.2 由協商產生行政長官的不同意見

贊成	反對
（1）中央參與協商，保證將來的行政長官會得中央政府的接受。	中央參與協商行政長官，有違高度自治的原則。
（2）協商過程中央會諮詢香港人士的意見，可保香港人的意願受到考慮及照顧。而最後選出的行政長官，亦該為香港人贊同。	中央只會根據他們的意願而徵詢香港人的意見，不保證被徵詢者都必會為香港人爭取利益。再者，中央政府亦有權不接受他們的意見。故最後人選未必為港人接受。
（3）經過協商及遴選的過程，保證只有背景、資歷和能力都最合適的人才能被挑選和委任。	只有少數人能參加提名或協商的工作，有違公平的原則。
（4）避免政黨政治產生的對抗情況	政黨政治是必然而健康的發展，未必會引起對抗的情況。
（5）更能按能力來挑選適合的人出任行政長官，不受利益集團或壓力團體的操縱。	利益或壓力團體都會推選他們認為能力最高的人作候選人，而且當各方面都有權發掘和推舉候選人時，更能保證選出的行政長官是最佳人選。

6. 結語

就行政長官的產生方法，到現時為止，共歸納出四種方法，分別是：（1）由普及性的直接選舉產生；（2）由大選舉團選舉產生；（3）由立法機關選舉產生；及（4）由協商產生。各種方法均有不同的特點／理由以及贊成和反對的意見。

※

⑯ **1987 年 3 月 23 日政制專責小組之行政機關與行政長官的產生工作組《行政長官的產生討論文件（二稿）》（1987 年 4 月 2 日政制專責小組之行政機關與行政長官的產生工作組第二次會議討論文件）**

【P1-16】

（編者按：針對幾個方向的討論）

1. 前言

1.1 聯合聲明有關條文：

中英聯合聲明中關於行政長官的產生方法有如下的條文：「香港特別行政區行政長官在當地通過選舉或協商產生，由中央人民政府任命。」（附件一第一節），但聲明內對選舉或協商的具體內容卻沒有說明。

1.2 目前情況：

港督是英國外交及聯邦事務部從其公務員中就其資歷及經驗，揀選適合的人選（近幾年，港督通常是外交及聯邦事務部職員，但在過往而言，不少港督是由富有經驗的在港工作人員中升任的），經首相同意後，再呈上女皇任命。整個揀選過程由英國政府負責，香港人在這過程中沒有任何參與。

1.3 各方建議：

香港各界人士就行政長官的產生方法主要有以下幾點（見下表）。

通過選舉	I 直接選舉	a. 普及性直接選舉無提名限制的方法（見 2.3）
		b. 普及性直接選舉有提名限制的方法（見 2.4）
	II 間接選舉	a. 大選舉團選舉（見 3.）
		b. 由立法機關選出（見 4.）
通過協商	I 可以中央政府與香港人士共同協商（見 5.）	
	II 香港人士自行協商而中央不參與其事	

下面將集中討論以上各項產生行政長官方法的建議，並列出其中理由／特點及贊成和反對意見。

直接選舉

2. 由普及性的直接選舉產生行政長官

2.1 選舉形式：全港合格的選民，除一般選民資格外，無任何其他限制，以直接投票方式，在選舉人名單中，以多數票決定其中一人出任行政長官。經普及性直接選舉產生行政長官通常包括兩項程序：提名及選舉。

2.2 對普及性直接選舉的基本原則的不同的意見：

贊成	反對
（1）有利安定繁榮	不利安定繁榮
（2）政黨產生是必然而又健康的發展	催化政黨對抗性政治
（3）各利益集團、社會階層公開自由競爭。	不能保障各階層代表性
（4）比例代表選舉可照顧社會上少數人士的利益	對少數人士不公平，不能保障社會上少數人士的利益。
（5）公民意識已有增長／難定準則	公民意識未成熟
（6）由於可贏取大眾支持，免除政策反覆或修改而導致之費用，故可減少公費開支。	政客政治引致公費開支增加
（7）符合平等參與原則	在分區選舉上，一人一票事實上並不平等，因為很難做到每票的效果相同。
（8）現代社會發展的最佳形式	香港社會不適宜引用西方民主方式
（9）民主化要配合經濟發展	過份、太快的民主化不利經濟發展
（10）加強政府合法性	選民未必理性
（11）更有效地直接向選民負責	易造成「免費午餐」
（12）可鼓勵人民參與政治	社會政治過熱
（13）可體現高度自治	高過自治不一定要通過「普及直選」體現出來
（14）普及直選才可以建立一個能向北京說「不」的政府	由其他途徑選出的議員所組成之政府亦敢向北京說「不」

贊成	反對
（15）無「普及直選」就無民主	「普及直選」只是民主的一種形式，沒有直選，也可以有民主。
（16）由現在至九七年尚有一段時間，各人可藉這個契機建立個人政治資本，各人的參政機會都是均等的。	因機會成本不一樣，起步時間不一樣，各階層參選機會不均等。
（17）獲選人士多為社會上的「中間」派，故其可預測性是較大的。	直接普選的不可預測性對社會安定不利

2.3 普及性直接選舉無提名限制的方法：

行政首長由市民公開提名，經普及性的直接選舉產生。（香港大學學生會基本法專責小組問卷調查 11/86）

不同的意見：

贊成	反對
（1）行政長官公開提名，保證各階層人士都能透過推選過程而反映自己的利益。	提名過程完全公開，難以限制候選人的數目及保證他們的質素。

2.4 普及性直接選舉有提名限制的方法

（編者按，本文第 2.4 點同第一稿文件⑮第 2.2 點，惟文件⑮第 2.2.3 點被刪除。）

2.4.2.7 設一由 128 人組成的「行政長官候選人提名團」，提名三位行政長官候選人，再交全民投票選舉。提名團的組成如下：

	提名團議席數目
第一大類職業組別共佔	**32 席**
其中　商界[1]	12
工業界[2]	8
銀行界[3]	4
其他僱主	8
第二大類職業組別共佔	**32 席**
其中　醫學界（註冊醫生）	2
其他護理人員	2

	提 名 團 議 席 數 目
教學界	4
法律界	2
社會服務界	4
工程、建築、測量及城市設計師	2
會計、核數師	2
資訊、傳媒專業人士	2
行政人員	4
其他專業人士	8
第三大類職業組別共佔	**32 席**
其中 文員	4
銷售人員	4
服務業工作人員	4
農、林、牧、漁人士	4
製造、建造、運輸工作人員	12
學生、退休人士、料理家務者及其他非從事經濟活動人士	4
立法機關成員	**16 席**
人大代表、政協委員	**16 席**
總數	**128 席**

註 1：商界可界定為香港總商會及香港中華總商會成員商號的董事。
註 2：工業界可界定為香港工業總會及香港中華廠商聯合會成員廠號的董事。
註 3：銀行界可界定為香港銀行公會成員的董事。

（張振國、梁兆棠 3/87）

不同的意見

贊成	反對
（1）提名團的成員包括不同界別及職業的人士，可保證他們的代表性。	有限度提名，有違公平原則。
（2）行政長官最終經全民投票選出，叫保證他會受大多數市民的支持。	
（3）提名團成員不能互選作行政長官候選人，以示公正。	

間接選舉

3. 由大選舉團產生行政長官

〔編者按：本文第 3. 點同第一稿文件⑭第 1.-8. 點，惟徐是雄

意見（1986 年 12 年），同第一稿文件⑮第 3.5.8 點。〕

4. 在立法機關基礎上選出行政長官

（編者按：本文第 4.-6. 點同第一稿文件⑮第 4.-6. 點）

※

⑰ 1987 年 4 月 4 日政制專責小組之行政機關與行政長官的產生工作組《行政長官的產生討論文件（三稿）》（1987 年 4 月 9 日政制專責小組之行政機關與行政長官的產生工作組第三次會議討論文件）

【P1-2】

（編者按：本文同第一稿文件⑯，除下列內容外，均同前文。）

普及性直接選舉

2. 由普及性的直接選舉產生行政長官

2.1 選舉形式及程式：全港合資格的（除一般選民資格外，無任何其他限制）的選民，以直接投票方式，在選舉人名單中，以多數票決定其中一人出任行政長官。經普及性直接選舉產生行政長官，這類選舉包括提名及選舉兩項程序。

2.2 對普及性直接選舉的選舉方法的基本原則的不同意見：

贊成	反對
（3）各利益集團、社會階層公開自由競爭。	不能保障各階層能自由競爭
＊（4）比例代表選舉可照顧社會上少數人士的利益	對少數人士不公平，不能保障社會上少數人士的利益。
＊（6）由於可贏取大眾支持，免除政策反覆或修改而導致之費用，故可減少公費開支。	政客政治引致公費開支增加
（10）加強政府合法性	政府的產生只有合法與不合法之分，它的合法性是不能以任何選舉方式來增強或削弱的。

贊成	反對
（11）更有效地直接向選民負責	選民未必理性化，易被政治野心家所誤導，而造成類似「免費午餐」的局面。
＊（14）普及直選才可以建立一個不是唯命是從及可據理力爭的政府	由其他途徑選出的議員所組成之政府亦能不唯命是從及可據理力爭

＊與行政長官選舉沒有直接關係，僅供參考。

【P8】

間接選舉

3. 由大選舉團產生行政長官

3.4 暫時性與常設性

除一些建議大選舉團亦作為行政長官的顧問委員會外，所有其他的建議下的大選舉團都不是常設性的，在每次選舉功能完結後，即自行解散。

※

⑱ 1987 年 4 月 21 日政制專責小組之行政機關與行政長官的產生工作組《行政長官的產生討論文件（四稿）》（1987年 4 月 30 日政制專責小組之行政機關與行政長官的產生工作組第四次會議討論文件）

【P3】

（編者按：針對幾個具體方案的討論。本文同第一稿文件⑰，除下列內容外，均同前文，惟第 3.6、3.7、4.3 及 5.2 點被刪除。）

普及性直接選舉

2. 由普及性的直接選舉產生行政長官

2.3 普及性直接選舉無提名限制的方法

行政長官由市民公開提名，經一人一票直接選舉產生。（香港大學學生會基本法專責小組九七政制模式建議書 2/87）

對此提名方法不同的意見：

贊成	反對
（1）行政長官公開提名，保證各階層人士都能透過推選過程而反映自己的利益。	提名過程完全公開，難以限制候選人的數目及保證他們的質素。
（2）普及性直接選舉將牽涉到相當大規模的人力及資源，這本身已限制到候選人的質素而不必要以提名程序來達到此目的。	人力及資源，不一定能限制候選人質素。
（3）如果提名受限制的話，提名的過程已是政治談判的場地，而相對上市民就失去了真正自主地選擇其行政長官的權利。	提名過程不成政治談判場地，提名可給市民更明確的計劃。

【P8-16】

間接選舉

3. 由大選舉團產生行政長官

3.5 大選舉團產生行政長官的不同方案

3.5.1 查濟民方案（1985年初）

（1）組成成份：「顧問局」由香港政府的顧問組成，其中包括退休的行政、立法機關成員、工商財經、法律教育各方面的專業人士，現任的行政、立法機關成員不能兼任顧問。一般而言，顧問多是本地已退休的、或年長的有名望人士。人數不限，終身職。

（2）組成方法：由港督提名，經中央政府批准。

（3）功能：「顧問局」的職權包括向中央政府提名或協商行政長官人選，與立法機關協商後向中央政府提請修改基本法的細節，以及在顧問局成員中互選三分之一的立法機關成員。此外，顧問局成員亦為行政長官及首席部長的顧問，但行政長官並不會像目前港督對待行政局一樣，事事與顧問商量。

（4）對此方案的不同意見：

贊成	反對
（1）「顧問局」的終身制可以保持顧問的獨立性，避免行政長官因個人利益而影響顧問的選取。	顧問實行終身制，不能罷免，將會造成另一權力中心，影響行政長官的施政。
（2）尊長的觀念無論在香港、中國甚至英國都有，比如香港很多社團，除董事局外都有顧問委員會。中國又有中共中央顧問委員會，「顧問局」這觀念所以成立乃基於人對傳統的精神的信任，因此行政長官從社會上公認有成就而不再擔任日常事務的人中選擇顧問，乃相信他們的經驗及能力對社會有益。	選舉行政長官要依靠對傳統精神的信任乃極為危險的事。有必要建立更有系統的選舉方法。

3.5.2 古星輝方案（1985 年 12 月）《鏡報月刊》

（1）組成成份：以香港工商金融界有代表性人物為主，又容納中下層人士，組成「行政顧問院」，人數約 100 人。

（2）組成方法：由基本法起草委員會在港委員安排物色，分為界定團體代表、非界定團體代表及特邀代表。

（3）功能：「行政顧問院」可以提名行政長官候選人，但需 20 人以上和議，才算有效。選出候選人之後，候選人必需宣佈其政綱，再由行政顧問院收集各階層人士之意見，諮詢期為 6 個月，然後以民主協商或投票方式產生行政長官。

此外，「行政顧問院」亦可選出百分之三十的立法機關成員。

（4）對此方案的不同意見：

贊成	反對
「行政顧問院」的成員來自不同階層，可以代表不同階層的利益，亦減少階級之間的對立和隔閡。	「行政顧問院」成員只來自某些特定的階級，廣泛市民的利益未能受到保障。

3.5.3 薛鳳旋方案《大公報》（1986 年 1 月 30 日）

（1）組成成份：由行政局全體非官守議員、立法局全體議員、功能團體、社會團體組成「協商團」。

（2）組成方法：（未有列明）

（3）功能：成員以協商為基礎，商討適合的行政長官人選，必要時以一人（或單位）一票的方式選出。

（4）對此方案的不同意見：未有列明

3.5.4 三方學會方案（1986 年 3 月）

（1）組成成份：「選舉團」由立法機關及地區議會成員組成。

（2）組成方法：以法例規定上列議員為當然成員。

（3）功能：選舉未來行政長官，再經中央人民政府委任。

（4）對此方案的不同意見：未有列明

3.5.5 張熾標方案《快報》（1986 年 7 月 22 日）

（1）組成成份：「大選舉團」成員包括立法局、區域市政局、市政局及區議會議員。

（2）組成方法：以法例訂出上列議會議員為成員。

（3）功能：「大選舉團」根據立法機關成員提交的行政長官候選人名單（每位候選人起碼得 10 位立法議員提名）投票。獲得最多票數的候選人將成為行政長官。

（4）對此方案的不同意見：

贊成	反對
「大選舉團」的選舉方法保證未來的行政長官將受到社會各階層人士的支持	「大選舉團」的組成有限制，經此選出的行政長官未必會受到社會各界人士的支持。

※

⑲ 1987 年 5 月 6 日政制專責小組之行政機關與行政長官的產生工作組《行政長官的產生討論文件（五稿）》（1987 年 6 月 30 日政制專責小組第十三次會議討論文件）

【P1-17】

（編者按：針對有提名限制的方法的討論。本文同第一稿文件⑱，除下列內容外，均同前文。）

1.前言

1.1 聯合聲明有關條文：

……此外，聯合聲明又列明「行政機關必須遵守法律，對立法機關負責」。

普及性直接選舉

2.由普及性的直接選舉產生行政長官

2.4 普及性直接選舉有提名限制的方法

2.4.1 由立法機關成員提名

對此提名方法的不同意見：

贊成	反對
（4）有委員認為這符合行政機關向立法機關負責的原則	

2.4.2 由提名團／選舉團提名

對此提名方法的不同意見：

贊成	反對
	（3）不大符合行政機關向立法機關負責的原則

2.4.2.2（基督徒弘道社 11/86）

對此提名方法的不同意見：

贊成	反對
	（4）不大符合行政機關向立法機關負責的原則

2.4.2.3（學友社 8/86）

對此提名方法的不同意見：

贊成	反對
	（3）人數多少和代表性的強或弱不成正比例
	（4）不符合行政機關向立法機關負責的原則

2.4.2.4（吳康民 11/86）

對此提名方法的不同意見：

贊成	反對
	（3）不大符合行政機關向立法機關負責的原則

2.4.2.5（曹宏威、唐一柱、何鍾泰 8/86）

對此提名方法的不同意見：

贊成	反對
	（3）不符合行政機關向立法機關負責的原則

2.4.2.6（雷競旋 1/87）

對此提名方法的不同意見：

贊成	反對
	（4）不符合行政機關向立法機關負責的原則

2.4.2.7 設一由 128 人組成的「行政長官候選人提名團」，提名三位行政長官候選人，再交全民投票選舉。（張振國、梁兆棠 3/87）

對此提名方法的不同意見：

贊成	反對
（1）提名團的成員包括不同界別及職業的人士，可保證他們的代表性。	（1）不保證「提名團」成員能代表各階層利益（因「提名團」產生方式是不明確的）
（2）行政長官最終經全民投票選出，可保證他會受大多數市民的支持。	（2）有限度提名，有違公平原則。
（3）提名團成員不能互選作行政長官候選人，以示公正。	（3）不大符合行政機關向立法機關負責的原則

3.1 由大選舉團產生行政長官

3.1.5 大選舉團產生行政長官的不同方案

3.1.5.9 醫學界專業團體基本聯席會議（1987 年 3 月）

（1）組成成份：選舉團共 500-600 人，成員包括各功能團體，市政局及地區議會代表。

（2）組成方法：（未有列明）

（3）功能：選舉團選出一個提名團（由若干人組成，例如共 5 人），提名團提名若干行政長官候選人復交選舉團選出。

（4）對此方案的不同意見：（未有列明）

3.1.5.10 建議由協商方式產生行政長官的方案中亦有部份贊成由特定的選舉團參與這工作，請參閱 4.1.2。

3.1.6 對「大選舉團」選舉的不同意見：

贊成	反對
（1）更能照顧香港的整體利益，因為由大選舉團選出的議員無須向某一功能界別或地區的選民直接負責；其次，他們還可以起平衡和緩衝經功能界別和直接選舉出來議員之間的矛盾和對抗。	（1）容易造成特權階級政治，保障一小撮人利益。
（2）保障社會各階層的均衡參與	（2）偏重工商界上層階級的參與
（3）選出一些態度持平，為各界接受，且踏實做事和有全面政治才幹的人，可提供另一途徑讓各界精英加入，以保留現行委任制的優點	（3）某些界別有重複代表性
（4）減低社會政治過熱	（4）易受一小撮人控制
（5）在有包括人大、政協成員的大選舉團，可保證熟識中央政府運作的人士的參與。	（5）人大政協成員產生方法未清楚；且由其他方法選出代表亦有熟識中央政府運作的人。
（6）向一些無法通過功能界別及地區選舉產生，但具備特質，對政府效率有幫助的人，提供其他問政渠道，避免滄海遺珠。	（6）不是真正的選舉，是變相委任制。
（7）保持穩定性、連貫性。	（7）政治精英主義引致民憤，製造社會不安。

協商

4. 由協商產生行政長官

4.1 由協商產生行政長官的建議

4.1.3（羅桂祥 9/86）

對此方案的不同意見：

贊成	反對
	（4）不符合行政機關向立法機關負責的原則。

※

⑳ **1987 年 5 月 25 日政制專責小組之行政機關與行政長官的產生工作組《行政機關的組成與職權討論文件（一稿）》（1987 年 5 月 29 日政制專責小組之行政機關與行政長官的產生工作組第五次會議討論文件）**

【P8-9】

（編者按：針對任命問題的討論）

3 行政長官的任命

3.3 聯合聲明中關於行政長官任命的條文：

「香港特別行政區行政長官在當地通過選舉或協商產生，由中央人民政府任命。」（附件一第一節）

聯合聲明只提及行政長官由中央政府任命，但「任命」的詳細意思卻沒有說明。「任命」究竟是指形式上任命，或實質上任命有不同的意見。

3.4 九七年後行政長官的任命：

（1）形式上任命：

行政長官在香港經由選舉或協商產生後，中央政府為尊重香港人的意見，將只作形式上的任命，不會否決選舉或協商的決定。

贊成

→ 這表示中央政府尊重港人的意見，不會違反香港人的選擇。

→ 這將體現聯合聲明中高度自治的精神，可增加香港人的信心。

反對

→ 如果中央政府只能依據香港人的決定作任命，將不能體現中國

在港擁有的主權。

→ 如果香港人選出的行政長官不為中央接受，但中央卻依然要任命，這將會令行政長官與中央政府日後的工作極不協調及不愉快。

→ 有違中英聯合聲明，聯合聲明內容應全部實質執行，不然有不喜歡的地方，就形式執行，聯合聲明就形同廢紙。

（2）實質上的任命：

行政長官雖然在香港經選舉或協商產生，但中央政府並不必然要任命他。中央政府仍保留否決的權力，故它的任命是實質的任命。

贊成

→ 這將能體現中央對香港擁有的主權。

→ 這可保證未來的行政長官必為中央政府接受，有利兩者工作上的協調及合作。

→ 這可增加行政長官的權威性。

反對

→ 如果行政長官在香港經選舉或協商產生後，中央卻不任命，將會大大打擊香港人的信心，甚至產生憲政危機。

→ 這將有違聯合聲明提及「高度自治」的原則。

※

㉑ 政制專責小組《行政長官的產生最後報告》（1987年8月8日經執行委員會通過）

【P1-19】

（編者按：針對提名限制方法及大選舉團的有關討論。內容同第一稿文件⑲，除第2.2點（4）、（6）、（7）、（10）、（14）被刪除外，均同前文。）

1. 前言

1.2 目前情況：

一直以來港督一職是由英國外交及聯邦事務部從其公務員中就其資歷及經驗，揀選適合的人選，經首相同意後，再呈上女皇任命。整個揀選過程由英國政府負責，香港人在這過程中沒有任何參與。自1971年以來，港督均由具外交經驗的非殖民官員升任。

普及性直接選舉

2. 由普及性的直接選舉產生行政長官

2.2 對普及性直接選舉的選舉方法的基本原則的不同意見：

贊成	反對
（4）公民意識已有增長	公民意識未成熟，公民教育尚未普及，選民未有足夠能力分辨候選人的好壞。
（12）獲選人士多為社會上的「中間」派，故其可預測性是較大的。	直接普選並不能保證持平的中間派獲選，它的不可預測性對社會安定不利。

2.4 普及性直接選舉有提名限制的方法

2.4.1 由立法機關成員提名

對此提名方法的不同意見：

贊成	反對
（5）行政長官可獲得立法機關及選民的支持。這會令立法機關及選民對行政長官產生信任和信心，並能促使行政長官和行政機關對立法機關及選民負責，且更照顧其意願。這也能使立法機關和人民的意見更有地位和影響力。	（5）根據英國的經驗，選民的選擇與他所屬政黨的選擇不一定相同，若要先經立法機關的提名程序，則受選民接受的候選人未必一定會得到立法機關的支持及提名。

2.4.2 由提名團／選舉團提名

2.4.2.8

（編者按：本文內容同第一稿文件㊳第 2.4.2.8 點）

（香港民主協會）

對此提名方法的不同意見：

贊成	反對
（1）顧問委員會的成員都是本港各界別具豐富經驗的人士，而且他們已經退休或退出政壇，與行政長官沒有利益關係，故可以作出公平合理的決定。	（1）行政長官由一個顧問團所提名；而第二屆之顧問之人選，其中一半由上一任之行政長官諮詢其顧問委員會決定。此種安排將會變成互相提名及委任的永遠壟斷局面，有違公平開放的原則。
	（2）顧問之人選均是超過六十歲之退休人士，雖然這些人可以較為超然，但因行政長官須得這些人提名，自不然要受其影響，但他們既全是六十歲以上的退休人士，則其思想模式自不免趨向於單一化及保守化，極不利行政長官之施政及香港的發展。

間接選舉

3.1 由大選舉團產生行政長官

3.1.5 大選舉團產生行政長官的不同方案

3.1.5.6 工商界及專業人士諮委方案（71 人）（1986 年 11 月 4 日）

（4）對此方案的不同意見：

贊成	· 反對
	（4）由於香港市民不能以普及性選舉直接參與揀選行政長官，所以此種選舉方式是不民主的（有委員補充說英國的行政長官也不是經過一人一票普及直選產生）

3.1.5.8 徐是雄（1986 年 12 月）

（4）對此方案的不同意見：有委員認為聯合聲明只列出行政長官由中央政府任命的條文，而並沒有規定行政長官候選人名單要報請中央同意。

3.1.5.9 香港政府華員會（1987 年 2 月）及醫學界專業團體基本法聯席會議（1987 年 3 月）

（4）對此方案的贊成理由：

1）提名團經協商後推舉候選人，可確保候選人大致具備所需才幹，並符合《中英聯合聲明》「行政長官由協商或選舉產生」的規定。

2）選舉團的人選代表各方面各階層的利益。（不同意見未有列明）

3.1.6 對「大選舉團」選舉的不同意見：

贊成	反對
	（8）不符合行政機關向立法機關負責的原則

協商

4. 由協商產生行政長官

4.1 由協商產生行政長官的建議

4.1.1（冼銘倫 3/86）

對此方案的不同意見：

贊成	反對
（4）（有委員認為，在這裡不知是指產生過程屬於「低調」還是這個方法只能產生個低調的行政長官。如是後者，他仍不能理解何謂低調，況且用這方法產生的行政長官也不一定是個低調的人）	

5. 行政長官的質素與才能

有委員有以下建議：

行政長官應該：

a. 得到香港人、立法機關、行政機關和中央政府的信任。

b. 得到香港各階層人士的支持。

c. 向立法機關負責並獲得其支持。

d. 能領導行政機關。

e. 是中央政府可接受及任命的。

但有委員認為這些準則太過空泛，不適宜作為資格寫在基本法上。

（編者按：對之前眾多方案的討論的歸納）

6. 結語

就行政長官的產生方法，到現時為止，共歸納出四種方法，分別是：

（1）由普及性的直接選舉產生，當中分別有無提名限制及有提名限制，在有提名限制中，提名者可以是立法機關成員或提名／選舉團；

（2）由大選舉團選舉產生，大選舉團的工作包括選舉及／或提名行政長官；

（3）由立法機關選舉產生，在此方式中，立法機關成員兼任提名行政長官候選人的工作；及

（4）由協商產生，就現有的建議，行政長官可由各界人士提名，交由特定的委員會進行協商。

以上各種方法均有不同的特點／理由以及贊成和反對的意見。

第一稿定稿

第四章　第一節
「第三條　香港特別行政區行政長官的產生（待擬）。」
〔1987 年 8 月 22 日《政治體制專題小組的工作報告》，載於《中華人民共和國香港特別行政區基本法起草委員會第五次全體會議文件匯編》〕

由於第二稿的討論內容沒有重要影響，故從略。

第一稿

第三稿

階段重點

- 民間方案的構想進一步成熟
- 進行了第二次方案歸納

條文的演進和發展

① 《基本法諮詢委員會工商專業界諮委對未來香港特別行政區政府架構的建議》，載於 1987 年 9 月基本法諮詢委員會工商專業界諮委《未來香港特別行政區政府結構建議》

【P17-20】

2. 行政長官

日後香港特別行政區政府的權力將由中國中央人民政府授予，根據聯合聲明行政長官可以在香港通過選舉或協商產生，由中央人民政府任命，故此我們建議行政長官應該通過選舉產生，最低任期四年。我們相信此舉是必要的，因為香港人相信通過選舉產生的行政長官會真正代表他們的利益，從而加強信心。

2.3 行政長官的產生方式

a. 我們相信行政長官通過協商或「一人一票」選舉方式產生，均欠適當。第一，「協商」一詞語意難以明確訂定，而且港人不易接受。第二點是，我們相信完全直接選舉會產生黨派和對抗的政治。所以我們強調協商及「一人一票」選舉方式是不適當和不能接納的。

b. 為了保證行政長官得到各界廣泛支持以及達致行政立法互相制衡的目的，我們不贊成行政長官由立法機關選出。

c. （編者按：第 2.3c 點同第一稿文件⑫第 3.1 點第一段）

我們建議，由選舉團轄下一個「提名委員會」提名三名在各方面都適合擔任行政長官的候選人，然後經由「選舉團」全體成員選舉產生。任期為四年，任滿可再接受提名，連選可連任，但只能連任一次。

選舉方式方面，我們建議行政長官須獲得絕對多數票支持。假如

首輪投票中未能產生絕對多數票，獲最高票數的兩位候選人將在次輪投票中再次競選。

d. 至於提名過程方面，「選舉團」成員互相推選二十人，組成「提名委員會」，「提名委員會」的職責為物色及遴選三名在各方面條件都合適的行政長官候選人。「提名委員」成員本身不得競選行政長官，擔任「提名委員」後亦不可再在「選舉團」選舉行政長官時投票。

e. 選舉團制度有如下的優點：

i）「選舉團」制度有別於其他選舉方式，可減低產生對抗式政治的機會。

ii）這種選舉方法可經由足以代表社會各階層的「選舉團」選舉產生行政長官。

iii）具體而言，由於行政長官將由具有廣泛代表性的「選舉團」選出，而立法機關成員只佔「選舉團」總人數百分之十五以下，行政機關與立法機關，將可達到權力均衡。

iv）這種方法可以有效及客觀地物色及遴選理想候選人，即使他們不主動爭取競選，亦可提名他們候選。

v）由於「提名委員」不能候選，「提名委員」可更客觀地物色最理想人選。

f. 第一個選舉團須於一九九七年七月前成立，以便選出首任香港特別行政區行政長官。「選舉團」的具體組織成份可以由下列兩個方法其中之一決定：

i）由於「選舉團」的一般規則仍有待「基本法起草委員會」訂定，因此建議在「基本法起草委員會」以下成立一個小組，工作期限直至一九九七年，以決定「選舉團」的具體組織成份。或

ii）由於聯合聲明指明中英兩個政府確保一九九七年政權的順利交接，「選舉團」的具體組織成份應由中英聯合聯絡小組負責。

一九九七年後，「選舉團」每　環節的組織成份如有需要作任何修改，應由特別行政區政府負責。

※

② 1987 年 10 月 30 日《行政長官的產生方法方案歸納》（1987 年 11 月 3 日政制專責小組第六次會議審閱文件）

【P1-4】

〔編者按：在不同方向下產生更多方案，討論更細化（包括由立法機關產生與否，及後述其他文件的功能團體、大選舉團、有／無提名限制直選。〕

（一）由立法機關產生

1. 陳弘毅方案

行政長官由行政局成員協商、互選產生，他兼行政局主席，而行政局成員則由立法機關互選產生。

2. 鄭宇碩

行政長官由立法機關成員選舉出來。任何合資格選民都可成為行政長官候選人，但他需得到十位立法機關成員的支持，才能取得正式的提名資格，方可參選。

3. 繆熾宏方案

行政長官由立法議會（立法機關）選舉產生，候選人必須得到十位立法議會（立法機關）議員提名，方可參選。

4. 太平山學會方案

行政長官由行政委員會選出，除主理所管轄部門外，他兼任行政委員會主席。行政委員會成員由立法機關成員選舉產生，只有現任的立法機關成員或競選連任的行政委員，方可成為行政委員會候選人。

5. 李華明方案

行政長官由立法機關選舉產生。

6. 匯點

行政長官由立法機關選出。凡居港滿十年，並已登記為選民的中國公民均可成為候選人，每位候選人需得到十位立法機關議員提名支持，方可參選。

7. 馮煒光方案

行政長官由直選選舉和間接選舉混合產生的立法機關中互選產生。

8. 香港都市規劃師學會

行政長官從立法機構議員中選出，競選行政長官一職者，須獲最

少 1/4 立法機構議員支持，若多於一人角逐此職，則由立法機構選舉產生。

（二）非由立法機關產生

A. 無提名限制之直選

9. 香港大學學生會

行政長官最終應由全體市民普選產生。

B. 有提名限制之直選

10. 學友社

由各界功能團體代表組織成一個「遴選委員會」（成員約 150-200 人），遴選委員會經協商或選舉產生「正式候選人」五名，行政長官以「全民投票」方式，直接選舉產生。

11. 基督教協進會公共政策委員會

行政長官候選人必須得五名立法局議員提名，由全港選民以「一人一票」方式選出。

12. 大學畢業同學會

由本港立法機關全體成員和同等數目之中央委任之當地人士組成「提名團」，行政長官候選人須得到這兩類提名成員各 1/8 支持，然後經全民選舉產生。

13. 190 方案

行政長官候選人須由立法機關成員提名，全港一人一票直接選舉產生。

14. 吳康民方案

「行政長官候選人提名委員會」由 37 人組成，包括香港人大代表、政協委員、立法機關代表、司級官員、市政局及區域市政局代表、區議會代表和社會團體代表，負責推出候選人 3-5 名，由全港市民直接選舉行政長官。

15. 38 位文教界諮委及團體負責人方案

行政長官由「行政長官候選人提名團」提名，經全民投票產生。提名團由 128 組成，其中 96 席由職業分組選舉產生，香港人大代表和政協委員互選佔 16 席，立法機關互選佔 16 席。

C. 大選舉團

16. 三方學會

行政長官由選舉團選舉產生，而選舉團由立法機關及地區議會成

員組成。

17. 張熾標方案

行政長官由立法局議員提名,然後由各級議會的議會投票決定,以間接選舉形式選出。

18. 工商界諮委(76人方案)

行政長官由一個以600人組成的「選舉團」選出來。「選舉團」包括立法機關成員、市政局、區域市政局及區議會代表,以及香港各階層界別市民代表。

19. 香港基督教關注基本法委員會政制小組

行政長官可由選舉團(由立法局議員、市政局及區域議局議員、區議員組成)選出。望在特區成立後,邁向「行政首長應由一人一票選出」這個目標。

20. 港人協會

由功能團體和地區議會產生一個(420-560人)選舉團,再由這個選舉團產生行政長官。

21. 華員會

建議先由一個500-600人的選舉團選出一個五人提名團,提名團提名候選人若干名,交由選舉團選舉。

選舉團包括功能團體代表,區議會主席、市政局及區域市政局代表。

22. 醫務界專業團體基本法聯席會議

先由各界人士(包括各功能團體、市政局地方區議會代表)共同組成500-600人之選舉團,選舉團選出一個提名團,提名團提名若干行政長官候選人,交由選舉團選出。

D. 地方協商

23. 薛鳳旋方案

行政長官由協商團協商產生。協商團由行政局全體非官守議員、立法局全體議員、功能團體、社會團體組成,以協商為基礎,商討合適的人選,必要時以一人(或單位)一票的方式選出。

24. 古星輝方案

先由起草委員會在香港的委員安排物色人選組成「行政顧問院」,「行政顧問院」可提名行政長官候選人,再由「行政顧問院」以六個月的諮詢期收集各階層人士的意見,再以民主協商或投票選出。

E. 中央協商

25. 冼銘倫方案

由香港各界人士以中央協商方式產生人選，經中央決定後，要獲得民選的立法機關同意。

26. 辛維思方案

由中央主持協商，即由中央組成一個包括港人在內的「遴選委員會」，諮詢立法局議員和各界社團的意見，產生一個不超過三個人的最後候選人名單，交全港市民選舉。

F. 由香港提名數人，由中央選出幾個，再由香港決定

27. 中根

由立法機關提名數人成為候選人（可來自各階層或立法機關議員），然後報請中央，並進行全民直選。

28. 何鍾泰、唐一柱、曹宏威

建議設一個「遴選委員會」，成員約 60-80 人，人選分別由「界定團體」（「界定團體」的名單和每個團體所推選的委員數目，大致上應與現有的「基本法諮詢委員會」組織時所列舉的「界定團體」相同。）「遴選委員會」推選出 3-5 位「行政長官候選人」，經中央批准後，交由全港市民普選。

29. 徐是雄方案

第一屆由「大選舉團」提名 2-3 位行政長官候選人，報請中央同意，然後由「大選舉團」選出。

第二屆由「大選舉團」提名 2-3 位行政長官候選人，報請中央同意，然後作普選。

假如以後「大選舉團」被取消，各屆行政長官候選人改由立法局提名，報請中央同意然後作普選。

30. 羅桂祥方案

由立法局成員中互選五人，加上中國香港人大代表互選五人，組成一公平而均衡的「十人提名小組」，然後提名小組以（一）立法局（二）公務人員（三）其他各界人士，各推薦一名賢達，通過協商取得一致通過，然後由北京中央政府以三人中選出一位，作為香港特別行政區的長官。

（三）難以分類

31. 學聯

該團體就商界及專業人士提出的「未來香港特別行政區政府架構」作出批評，認為行政長官的產生「必須在制度上保障廣大市民能參與選擇適當人選過程」，並強烈反對由一個以非民選成份為主的選舉團投票產生行政長官。

32. 高漢釗方案

該文指出，行政長官不應由立法機關選出來，更不可能由直接選舉產生。間接選舉或協商方式則似較適合。

33. 吳夢珍方案

i）首屆行政首長：由中英聯絡小組會同行政、立法兩局以及當時的行政首長提名若干候選人，由中央人民政府作最後決定委任。

ii）第二屆和以後各屆行政首長的產生：除了中英聯絡小組不再參與提名人選外，仍可用上述所提方式。

34. 查濟民方案

i）1997 年後初期的二、三任行政長官

經顧問局（港督提名，中央批准後任命，終身制，97 年前成立）協商後提名一位顧問局以外的香港人，由中央政府同意後任命。

ii）2010 年前後的行政長官

經顧問局協商後提名二至三名香港人，由北京同意後交由香港全體選民普選，得票多數者由中央任命。

35. 香港民主協會

由一個比較超然的「政治經濟顧問委員會」提名，經立法機關 2/3 同意，然後由中央任命。

「政治經濟顧問委員會」由一些在本港有深長歷史的立法、行政、司法、工商、金融、投資方面有豐富經驗的人士來擔任。

36. 基督教弘道社

行政長官必須從一個「候選人團體」（candidates pool）中選出，由已登記為選民的港人提名，全港選民一人一票選出。

候選人團體成員包括所有曾任或現任立法機關、市政局、區域市政局、區議會之民選成員，現任行政長官，以及指定數目由功能組別選舉之代表。

37. 陳協平方案

經國家委託組成香港各界提名行政長官委員會，負責提出若干人選報請國家任命，擔任行政長官，輔政司、財政司、律政司和司法長。

38. 張世林方案

第一任行政長官以協商辦法產生。

第二任行政長官由提名團提名，以差額選舉方法由選舉團產生。

※

③ 1987 年 10 月《第四章　香港特別行政區的政治體制（討論稿）》（政治體制專題小組工作文件）

【P2】

第一節　行政長官

第三條

第五次全體大會分組討論：

有的委員認為，本條待擬的香港特別行政區行政長官的產生方式不宜包括協商，而應該採取選舉的方式，並建議可通過中英聯合聯絡小組達成一個雙方認同的辦法，在一九九七年七月一日前先選出一位副總督，由該副總督出任香港特別行政區的第一任行政長官。但有些委員認為，中英聯合聲明附件一規定行政長官通過選舉或協商產生，所以，不能排除協商的方式。有的委員認為，香港特別行政區行政長官由副港督轉變而來的方案是不合適的。

（編者按：對上述討論的歸納）

關於行政長官的產生，香港諮委會所提「行政長官的產生‧最後報告」中作了詳細研究，歸納如下：（各種理由及辦法請參閱該「最後報告」）

（一）通過選舉

1. 普及性直接選舉

1a. 無提名限制

1b. 有提名限制

2. 間接選舉

2a. 大選舉團（包括顧問委員會）選舉

2b. 立法機關選出

（二）通過協商

1. 由中央政府與香港人士共同協商

2. 香港人士自行協商，中央不參與協商

第三稿定稿

第四章　第一節
「第三條　香港特別行政區行政長官的產生（待擬）。」

〔1987 年 10 月《第四章　香港特別行政區的政治體制（討論稿）》（政治體制專題小組工作文件）〕

階段重點

· 對由功能團體選舉行政長官的構想進行討論
· 集中在直接選舉和大選舉團兩種模式進行討論
· 就無提名限制和有提名限制的直接選舉，出現了新方案

條文的演進和發展

① 1987 年 11 月 11 日《功能團體選舉方法方案歸納》（1987 年 11 月 17 日政制專責小組第七次會議附件三）

【P8-9】

Ⅲ. 功能團體選舉的目的

B. 產生選舉行政長官的組織

1. 薛鳳旋

行政長官由協商團產生。協商團由行政局全體非官守議員、立法局全體議員、功能團體、社會團體組成。

2. 76 人方案

行政長官由「選舉團」選出。「選舉團」由各功能團體代表組成。

3. 徐是雄

行政長官經由大選舉團產生。大選舉團包括功能團體選舉產生的立法機關代表。

4. 學友社

各界功能團體代表組成「遴選委員會」負責遴選行政長官候選人的工作。成員人數約 150 至 200 人。

5. 港人協會

由功能團體和地區議會組成 420 至 560 人的選舉團。選舉團負責提名權及選舉權。代表不能現任立法機構成員。功能團體成員有資格被提名選舉行政首長。

6. 香港政府華員會

功能團體代表與區議會主席和市政局及區域市政局代表組成 500

至 600 人的選舉團,選舉團產生五人提名團,提名若干名候選人,交由選舉團選出行政長官。

7. 醫務界專業團體基本法聯席會議

功能團體與市局及地區議會代表,共同組成 500 至 600 人選舉團,由選舉團選出一個提名團。提名若干行政長官候選人後交選舉團選出。

8. 38 位教育界諮委及團體負責人

「行政長官候選人提名團」由 128 人組成,96 席由職業分組選舉產生。行政長官由「提名團」提名,全民投票產生。

※

② 1987 年 11 月 11 日《選舉團、大選舉團選舉方法方案歸納》(1987 年 11 月 17 日政制專責小組第七次會議附件四)

【P1-5】

前言

本文是就各方案有關大選舉團或選舉團這類建議作出歸納的。在「立法機關」及「行政長官」兩份最後報告中,已將各有關方案詳列,現嘗試就這些方案的不同性質作出歸納。下文所用之歸納標準主要是選舉團或大選舉團之功能,就是

(I)產生行政長官

(1)只負責提名:i)後交全民投票;ii)後交中央;iii)後交立法機關

(2)只負責選舉

(3)負責提名與選舉

(II)產生立法機關

(1)根據現行之選舉團制度

(2)其他

(III)產生行政長官與立法機關

產生行政長官

(1)大選舉團負責提名

i）後交全民投票

1）學友社—— 遴選委員會

行政長官候選人須經 20 名合格選民提名，而每提名人只能提名一位候選人。若候選人數超過 5 人，則由一「遴選委員會」經協商或選舉產生 5 名正式候選人。「遴選委員會」人數約 150 至 200 人，由各功能團體代表組成，職責為檢查行政長官候選人的資格。待行政長官宣誓就職後，「遴選委員會」會自動解散。行政長官候選人經認可為正式候選人後，便由普及性直接選舉產生行政長官。

2）辛維思—— 遴選委員會

由中央主持協商，即由中央組成一個包括港人在內的「遴選委員會」，諮詢立法局議員和各界社團的意見，產生一個不超過三個人的最後候選人名單，交全港市民選舉。

3）雷競旋—— 提名委員會

設立一個由中央政府組織和任命的「提名委員會」，人數不宜太多，其中包括有當然成員，例如國務院港澳辦公室主任（或將來的相應職位），或香港人（是否硬性規定要有港人參與尚待考慮）。然後經全民投票（可以用兩輪多數的投票方法）產生行政長官。

4）大學畢業同學會—— 提名團

本港立法機關全體成員及同等數目之中央委任之當地人士組成「提名團」，行政長官候選人須得到兩類提名團成員各 1/8 支持，然後經全民選舉產生。

5）吳康民—— 行政長官候選人提名委員會

設立一「行政長官候選人提名委員會」，推出行政長官候選人三至五名，再經普及性直接選舉產生行政長官。「行政長官候選人提名委員會」由 37 人組成，包括香港全國人大代表 5 人，香港全國政協委員 5 人，立法機關代表 10 人，司級官員代表 3 人，市政局及區域市政局代表 2 人，區議會代表 3 人，社會團體代表 11 人。上述各方面的代表，將由有關方面人士選舉產生。

6）38 人方案—— 行政長官候選人提名團

設一由 128 人組成的「行政長官候選人提名團」，提名三位行政長官候選人，再交全民投票選舉。提名團的組成如下：

		提名團議席數目
第一大類職業組別共佔		**32 席**
其中	商界 [1]	12
	工業界 [2]	8
	銀行界 [3]	4
	其他僱主	8
第二大類職業組別共佔		**32 席**
其中	醫學界（註冊醫生）	2
	其他護理人員	2
	教學界	4
	法律界	2
	社會服務界	4
	工程、建築、測量及城市設計師	2
	會計、核數師	2
	資訊、傳媒專業人士	2
	文化、藝術專業人士	2
	行政人員	4
	其他專業人士	6
第三大類職業組別共佔		**32 席**
其中	文員	4
	銷售文員	4
	服務業工作人員	4
	農、林、牧、漁人士	4
	製造、建造、運輸工作人員	12
	學生、退休人士、料理家務者及其他非從事經濟活動人士	4
立法機關成員		**16 席**
人大代表、政協委員		**16 席**
總數		**128 席**

（註 1：商界可界定為香港總商會及香港中華總商會成員商號的董事。
2：工業界可界定為香港工業總會及香港中華廠商聯合會成員廠號的董事。
3：銀行界可界定為香港銀行公會成員的董事。）

7）基督徒弘道社── 候選人團體（本身為候選人）

行政長官必須從一個「候選人團體」（candidates pool）中選出，由已登記為選民的港人提名，全港選民一人一票選出。

候選人團體成員包括所有曾任或現任立法機關、市政局、區域市政局、區議會之民選成員，現任行政長官，以及指定數目由功能組別選舉之代表。

ii）後交中央

1）羅桂祥——十人提名小組

由立法局成員中互選五人，加上中國香港人大代表互選五人，組成一公平而平衡的「十人提名小組」，然後提名小組以（一）立法局（二）公務人員（三）其他各界人士，各推薦一名賢達，通過協商取得一致通過，然後由北京中央政府以（編者按：「以」應為「從」之誤）三人中選出一位作為香港特別行政區的長官。

2）陳協平——香港各界提名行政長官委員會

經國家委託組成「香港各界提名行政長官委員會」，負責提出若干人選報請國家任命，擔任行政長官、輔政司、財政司、律政司和司法長。

iii）後交立法機關

1）香港民主協會——顧問委員會

行政長官應由一個比較超然的由 30 人至 60 人組成的顧問委員會提名，經立法機關 2/3 通過，然後提交中央委任，顧問委員會的成員是由一些在本港有深長歷史的立法、行政、司法和工商金融、投資方面有豐富經驗的人士擔任，而且他們應該是 60 歲以上的退休或退出政壇的人物，對行政長官的權力和地位都沒有直接或間接的利益關係，這樣方能專心一致為香港市民作出公平和合理而有價值的決定。顧問委員的人選除第一屆應由中英聯合聯絡小組協商外，第二屆以後人選應由上一任的行政長官諮詢其顧問委員會決定，其餘一半則由立法機關選舉。

（2）大選舉團負責選舉

1）三方學會——選舉團

行政長官由選舉團選舉產生，而選舉團由立法機關及地區議會成員組成。

2）香港基督教關注基本法委員會政制小組——選舉團

行政長官可由選舉團（由立法局議員、市政局及區域議局議員、區議員組成）選出。望在特區成立後，邁向「行政首長應由一人一票選出」這個目標。

3）張熾標——大選舉團

行政長官參選人需要十位立法局議員提名，經「大選舉團」投票，由獲得絕大多數票的候選人當選，並由中央人民政府任命。「大選舉團」的成員包括立法局、區域議局、市政局及區議會的議員（在 1994 年，應取消各議會的委任議員制度）。

（3）大選舉團負責提名及選舉

1）華員會──提名團、選舉團

建議先由一個 500—600 人的選舉團選出一個五人提名團，提名團提名候選人若干名，交由選舉團選舉。

選舉團包括功能團體代表，區議會主席、市政局及區域市政局代表。

2）醫務界專業團體基本法聯席會議──提名團、選舉團

先由各界人士（包括各功能團體、市政局地方區議會代表）共同組成 500—600 人之選舉團，選舉團選出一個提名團，提名團提名若干行政長官候選人，交由選舉團選出。

3）張世林──提名團、選舉團

第一任行政長官以協商辦法產生。

第二任行政長官由提名團提名，以差額選舉方法由選舉團產生。

4）古星輝──行政顧問院

先由起草委員會在香港的委員安排物色人選組成「行政顧問院」，「行政顧問院」可提名行政長官候選人，再由「行政顧問院」以六個月的諮詢期收集各階層人士的意見，再以民主協商或投票選出。

5）薛鳳旋──協商團

行政長官由協商團協商產生。協商團由行政局全體非官守議員、立法局全體議員、功能團體、社會團體組成，以協商為基礎，商討合適的人選，必要時以一人（或單位）一票的方式選出。

6）港人協會──選舉團

由功能團體和地區議會產生一個有 420—560 人的選舉團，再由這個選舉團提名及選舉產生行政長官，選舉團成員不能是現任立法機關議員，具體組成如下：

工商界　30—35%

基層　30—35%

專業　15—20%

地方議會　15—20%

③ 1987 年 11 月 12 日《直接選舉方法方案歸納》（1987 年 11 月 17 日政制專責小組第七次會議附件二）

【P1-3】

前言

本文所列舉的直接選舉方法方案，就是以普及和平等的原則，用一人一票方式，由選民直接地選出行政長官以及立法機關議席的方案。

基本上，各方案有下述特徵：

1）普及和平等—— 大致上每位選民有相同的投票權利，而每張選票的價值亦平等；

2）直選—— 選民直接地決定誰人當選行政長官以及立法機關成員；

3）開放性—— 選民的資格無特別限制，投票過程公開。

而下文則分兩部份來介紹：

（I）行政長官產生方法

雖然所有這類方案都同意全民直接選出行政長官，而很多方案贊成應對行政長官施加提名限制，但對如何限制問題，則有如下的不同意見：

1）全由立法機關成員提名行政長官候選人；

2）部份地由立法機關成員提名行政長官候選人；

3）全由立法機關以外人士提名行政長官候選人。

負責提名行政長官候選人的組織，對行政長官的產生有着間接而又實質的影響，故此，怎樣設立這個組織是一個很重要的問題。

I. 行政長官的產生方式

A. 無提名限制的直接選舉

1. 香港大學學生會

行政長官最終應由全體市民普選產生。

B. 有提名限制的直接選舉

1. 學友社

由各界功能團體代表組成一個「遴選委員會」,「遴選委員會」經協商或選舉產生「正式候選人」5 名,行政長官以「全民投票」方式,直接選舉產生。

2. 基督教協進會公共政策委員會

行政長官候選人必須得 5 名立法局(立法機關)議員提名,由全港選民以「一人一票」方式選出。

3. 大學畢業同學會

由本港立法機關全體成員和同等數目之中央委任之當地人士組成「提名團」,行政長官候選人須得到這兩類提名成員各 1/8 支持,然後經全民選舉產生。

4. 190 方案

行政長官候選人須由立法機關成員提名,全港一人一票直接選舉產生。

5. 吳康民方案

「行政長官候選人提名委員會」由 37 人組成,包括香港人大代表、政協委員、立法機關、司級官員、市政局及區域市政局代表、區議會代表和社會團體代表,負責推出候選人 3-5 名,由全港市民直接選舉行政長官。

6. 38 位文教界諮委及團體負責人方案

行政長官由「行政長官候選人提名團」提名,經全民投票產生。提名團由 128 人組成,其中 96 席由職業分組選舉產生,香港人大代表和政協委員互選佔 16 席,立法機關互選佔 16 席。

7. 查濟民方案(第二部份)

2010 年前後的行政長官,經顧問局協商後提名 2-3 名香港人,由北京同意後交由香港全體選民普選,得票多數者由中央任命。

8. 基督教弘道社

行政長官必須從一個「候選人團體」(Candidates Pool)中選出,由已登記為選民的港人提名,全港選民一人一票選出。

候選人團體成員包括所有曾任或現任立法機關、市政局、區域市政局、區議會之民選成員,現任行政長官,以及指定數目由功能組別選舉之代表。

※

④基本法諮詢委員會工商專業界諮委《有關大選舉團的建議》，載於 1987 年 12 月基本法起草委員會秘書處《參閱資料—第 35 期》

【P15-23】

（編者按：有關大選舉團的討論）

1. 引言

工商專業界諮委在「未來香港特別行政區政府結構建議」內，建議成立一個有廣泛代表性的大選舉團，選出特別行政區政府的行政長官和立法機關百分之二十五的議席。

由於大選舉團每次組成均包括由社會上各階層界別、不同組織及社團提名的代表，因此我們相信解決成立未來特別行政區政制所遇到的一些難題，大選舉團是最有成效的辦法。

2. 大選舉團制度的優點

2.1 在選舉行政長官方面

a. 我們認為由協商產生行政長官是一個比較難以接受的方法，經由有廣泛代表性的大選舉團選出的行政長官，能夠符合讓未來特區政府享有「高度自治」的精神。

b. 香港人可以經由這個均衡代表各界的大選舉團選出行政長官。

c. 立法機關成員雖然參與大選舉團，但只佔總人數的百分之十五，從而保障行政及立法的分立。

d. 大選舉團選舉有別於其他選舉方式，可減低對抗式政治和社會兩極分化產生的可能性。

e. 這種選舉方式可以在最有效及客觀情況下去物色理想候選人—— 即使他們不主動爭取競選，亦可使他們參選。其他選舉方式則可能吸引那些只會搞政治但缺乏行政管理才能的候選人。

3. 大選舉團的組成

3.1 大選舉團的成員包括立法機關所有成員，市政局、區域市政局及區議會代表，以及香港各階層界別和團體組織的代表。

3.2 大選舉團會有六百名成員，他們分別來自以下團體或組織：

a. 立法機關　80 人

b. 法定團體及永久性非法定團體　50 人

c. 市政局、區域市政局及區議會　50 人

d. 社會服務、慈善及體育團體　60 人

e. 專業人士　60 人

f. 勞工界　　60 人

g. 工業界　　80 人

h. 商界　　　50 人

i. 金融界　　50 人

j. 宗教　　　10 人

k. 教育界　　20 人

l. 公務員　　30 人

共 600 人

3.3 以上的組成方法能均衡代表整個香港社會。

3.4 在大選舉團內的各個社團或組織可按照內部的規則自行選出其代表。

3.5 當某社團或組織的代表被選為大選舉團的成員，該成員將以個人身份投票。

3.6 同一人不能在大選舉團內同時代表多過一個組織。若有超過一個組織提名同一人作為代表時，他必須選擇代表某一個組織，而其餘組織則須另選代表。

3.7 大選舉團成員的任期應維持至選舉完成為止，此後即刻解散。

4. 成立大選舉團的時間

4.1 為符合我們所建議政制平穩過渡至一九九七年的時間表，第一個選舉團將於一九九四年成立，選出立法機關的二十位議員，即百分之二十五的議席。

4.2 由於我們認為一九九七年不適宜有任何選舉及政治活動，所以第二個大選舉團須於一九九六年成立，選出未來特區政府的行政長官。

4.3 由於行政長官和立法機關成員均為四年一任，大選舉團將每兩年召集一次，交替選出行政長官和立法機關百分之二十五的議席。

4.4 然而，由於行政長官會：

a. 辭職

b. 逝世或失去工作能力

c. 受到彈劾而引致罷免

因此，選舉行政長官的會期可能因上述特殊情況而變更。……

5. 提名程式

5.1 在選舉行政長官方面

a. 大選舉團成員互選二十人，組成「提名委員會」。

b.「提名委員會」成員本身不能成為候選人及參加投票。

c.「提名委員會」的職責為物色候選人，並接受建議和申請，以及審查候選人資格。

d. 候選人不限於大選舉團的成員。

e.「提名委員會」將提名三位在各方面都合適作為行政長官之候選人，然後交由大選舉團投票選舉。

6. 選舉方法

6.1 在選舉行政長官方面

a. 除「提名委員會」成員外，所有大選舉團成員均有投票權，以不記名投票方式進行。

b. 當選為行政長官之候選人，必須獲得出席者的絕對多數票。

c. 若在首輪投票中無人獲得絕對多數票時，則以最高票數的兩位候選人在次輪投票中再行競選。

d. 按照這個投票方法，若果大選舉團內大部份成員認為提名委員會所推薦的候選人都不適宜，他們可以棄權使無人能得到絕對多數票。在這種情況下，提名委員會需要重新提名。

7. 第一及第二屆大選舉團的成立

7.1 第一個大選舉團（其作用是在一九九四年選出百分之二十五的立法機關成員）的成立，包括界定合資格團體等細節，一概由香港政府負責。

7.2 由於第二個大選舉團須在移交日之前（一九九六年）成立，並選出首屆特區行政長官，故作如下特別安排：

a. 中央人民政府成立一個籌備委員，負責組成第二個大選舉團。

b. 該大選舉團會根據基本法所指定的程式選出首屆特區行政長官。

c. 該大選舉團須在九七年七月一日重新召開，重選當時立法機關

所有議員進入特區的立法機關（無論他們是由地區選舉、功能團體或者大選舉團選出），直至議員的個別任期屆滿為止。

7.3 在九七年七月一日之後，有關大選舉團的人數、成份或資格等各方面的修訂，皆由特別行政區政府負責。

第四稿定稿

「第四十五條　（第一款）香港特別行政區行政長官在當地通過選舉或協商產生，由中央人民政府任命。

（第二款）行政長官的具體產生辦法有以下四種方案：

1. 由一個有廣泛代表性的大選舉團選舉產生。

2. 由立法機關成員（例如十分之一）提名，全港一人一票直接選舉產生。

3. 由功能團體選舉產生。

4. 首三屆行政長官由顧問團在當地協商產生，報中央任命；此後由顧問團提名三名候選人經中央同意後，交由選舉團選舉產生。

（第三款）前款規定的行政長官的產生辦法可根據香港特別行政區的實際情況予以變更。此項變更須經香港特別行政區立法機關全體成員三分之二多數通過，行政長官同意，並報全國人民代表大會常務委員會批准。」

〔1987年12月基本法起草委員會秘書處《香港特別行政區基本法（草案）》（匯編稿）文件〕

階段重點

· 首次由秘書處總結過去的討論和民間方案，提出官方方案

條文的演進和發展

① 1988 年 4 月基本法起草委員會秘書處《中華人民共和國香港特別行政區基本法（草案）草稿》

【P48-52】

〔編者按：既是具體的歸納，也是首次正式載於基本法（草案）草稿中的方案（前文各討論均為個人 / 個別團體提出。）〕

附件一：香港特別行政區行政長官的產生辦法

方案一：

1. 香港特別行政區行政長官在當地通過一個有廣泛代表性的選舉團選舉產生。

2. 選舉團由香港各界人士代表組成，其成員包括：立法機關的成員、各區域組織的代表、各法定團體和永久性非法定團體的代表、各類功能界別的代表（包括工商、金融、專業人士、教育、勞工、宗教、社會服務及公務員等界別），共約 600 人。

3. 在選舉團內的各個社團和組織可按內部的規定，用民主程序選出其代表。所選出的代表將以個人身份投票，一人不得兼代表多個組織，任期只維持到選舉完成即解散。

4. 選舉團設提名委員會，由選舉團成員互選 20 人組成。提名委員會負責提名行政長官候選人三名。提名委員會成員不能作為行政長官候選人，亦無權投票選舉行政長官。

5. 選舉團根據提名委員會的提名進行投票，候選人必須獲得半數票才能當選，如首輪投票無人獲得過半數票，則就得票最多的兩名候選人進行次輪投票。選舉團選舉產生的行政長官人選報請中央人民政府任命。

6. 選舉細則由香港特別行政區政府以法律規定。

方案二：

1.香港特別行政區行政長官由不少於十分之一的立法機關成員提名，經由全港性的普及而直接的選舉產生。

2.立法機關成員每人只可提名一人為行政長官候選人。

3.行政長官的選舉必須為真正、定期的選舉。選舉權必須普及而平等，選舉應以無記名投票法進行，以保證選民意志的自由表現。

4.當選的行政長官如為立法機關、行政機關或司法機關的成員，則須在當選後立即辭去其原有職務。

5.行政長官的選舉細則由香港特別行政區的法律予以規定。

方案三：

1.香港特別行政區行政長官由功能選舉團一人一票方式選舉產生。

2.功能選舉團的成員不超過六百人，由香港特別行政區永久性居民並屬於對政府運作、社會服務有影響力的工商、金融、專業、勞工等團體的人士互選出代表組成，其比例為：

工商、金融團體	25%
專業團體	35%
勞工團體	10%
宗教、社會及慈善服務機構	15%
街坊組織、小販團體	15%

3.凡符合本法第四十五條規定的資格，並得到五十名香港永久性居民提名的人，均可成為香港特別行政區行政長官的候選人。

4.選舉團的成員不得成為提名人或候選人；提名人不得參加選舉團或當候選人；候選人不得為選舉團的成員或其他候選人的提名人。

方案四：

1.首數屆（約二、三屆）行政長官由顧問團協商產生。

顧問團由顧問 50-100 人組成，顧問人選由香港各界提名，經行政會議甄選，再由行政長官提請中央批准後任命（顧問應為政制專責顧問，有別於其他專業顧問）。

每屆顧問團必須在前一屆行政長官任期屆滿前六個月產生。但如經顧問團及中央同意該屆行政長官繼續連任，則不必產生下一屆

顧問團。

2.以後各屆由選舉團選舉產生。

選舉團由已退休的歷屆立法會議成員、行政會議成員、行政長官和曾經中央任命的主要官員等組成，須達到 250 人才能成立，以後每屆陸續增加，但最高人數不超過 500 人，如超過時以出任的先後依次退出，如有出任先後相同時，以年長者先行退出。

行政長官候選人由顧問團協商提名三人，經中央同意後，交選舉團選舉產生。

方案五：

1.行政長官由「香港特別行政區行政長官提名委員會」經協商或協商後投票程序提名三人，全港選民一人一票普選產生。

2.「香港特別行政區行政長官提名委員會」由香港永久性居民組成。必須具有廣泛代表性，成員包括全國人民代表大會香港地區代表、全國政治協商會議香港地區委員、立法機構及區域組織代表、各階層界別人士的代表。

3.「行政長官提名委員會」組成的比例如下：

工商、金融團體	25%
專業團體代表	25%
勞工、基層、宗教團體代表	25%
立法機關成員	12%
區域組織成員	8%
人大代表、政協委員	5%

4.「行政長官提名委員會」負責制定協商或投票程序，提名行政長官候選人，提名委員會的委員不得任行政長官候選人。

5.「行政長官提名委員會」成員由各界法定團體或永久性非法定團體選舉、推舉或協商產生。提名委員會的章程由香港特別行政區制定法律規定。

6.以一人一票普選方式選舉行政長官的選民登記、投票程序等項，由香港特別行政區以法律規定。

第五稿定稿

「第四十六條　香港特別行政區行政長官在當地通過選舉或協商產生，由中央人民政府任命。

行政長官產生的具體辦法由附件一《香港特別行政區行政長官的產生辦法》規定。

附件一規定的行政長官的產生辦法可根據香港特別行政區的實際情況和循序漸進的原則予以變更。此項變更須經香港特別行政區立法會議全體成員三分之二多數通過，行政長官同意，並報全國人民代表大會常務委員會批准。」

〔1988 年 4 月基本法起草委員會秘書處《中華人民共和國香港特別行政區基本法（草案）草稿》〕

由於第六稿的討論內容沒有重要影響，故從略。

階段重點

- 就著秘書處提出的五個方案進行討論
- 對於協商產生行政長官的方法是否應該刪除的問題,進行討論
- 對有關循序漸進和任命等概念進行討論
- 「主流方案」的出現和對之的相關討論

條文的演進和發展

① 1988 年 6 月 6 日《政制專責小組(二)與內地草委交流會會議紀要》

(編者按:針對有關「協商」和「循序漸進」兩個表述進行討論)

2. 行政長官

2.1 產生方法:

2.1.1 有委員建議規定「行政長官不由協商產生」,但不少委員認為這是違反中英聯合聲明的,故認為不可取消「協商」這個方法。

2.1.2 有委員指出選舉團的弊病是行政長官及政府易受利益集團的影響而導致官商勾結,且這種選舉方法會降低行政長官的權威性。有委員卻認為選舉團行之有效,如附件一的方案三大選舉團的組成比例十分恰當。

2.1.3 有委員質疑「循序漸進」的含義,會否意味民主是向社會主義的發展,因為許家屯曾謂:社會主義的民主是最廣泛的民主。

2.1.4 有委員認為「循序漸進」應以增加市民的參與程序這方面來理解,故建議在附件一加上「行政長官的產生辦法是以發展市民普及選舉為目標,並根據……」但有委員表示現在尚未決定採納哪一方案,故未必有加上此句之需要。

2.1.5 有委員指出行政長官既是由中央「任命」,便應寫明誰「罷免」。而有認為既由中央任命,是否便由中央罷免呢?有草委回應曰徵求意見稿中並無特別規定,第五十二條及第七十二條亦只是提出行政長官的辭職及對行政長官的彈劾而已。

※

② 1988 年 6 月 6 日《政制專責小組（三）與草委交流會會議紀要》

1. 行政長官
1.1 產生方法
有委員提出行政長官最後的產生方法若是選舉產生，會否取消「協商」字眼；同樣，若由「協商」產生，會否取消「選舉」字眼。（第四十五條）

10. 草委回應
10.2 第四十五條
選舉或協商乃根據附件遷就之，因附件修改比較容易，但修改基本法則較麻煩，故這處列明選舉或協商乃不排除兩種方法的可能性。

※

③《基本法諮詢委員會政制專責小組對基本法（草案）徵求意見稿第四章的意見匯編》，載於 1988 年 10 月基本法諮詢委員會《中華人民共和國香港特別行政區基本法（草案）徵求意見稿諮詢報告（1）》

【P100-101】
2. 有關專題討論
2.1 行政長官
2.1.1 提名方法
2.1.1.1 有委員接受「查良鏞方案」有關直選的部份，但認為由一提名團以協商方式提名行政長官有違民主原則；況且，提名工作局限於一小撮人身上，限制了參與選舉人數，並不民主、公平。
2.1.1.2 有些委員認為提名委員會內成員之百分比有斟酌餘地。
2.1.1.3 有委員建議提名團可加入區議會、區域市政局及其他地區

性代表。

2.1.1.4 有委員建議提名團由選舉產生：

10 席—— 選舉產生

10 席—— 人大代表

10 席—— 市政局、立法局、區議會、鄉議局、區域市政局代表

2.1.1.5 有委員建議設計一個包括各功能組別及各階層的提名團，促使團結及合作。

2.1.1.6 有委員認為提名團成員不能被提名，提名者及被提名者不應共事。

2.1.1.7 有委員詢問各委員對「查良鏞方案」中提名方法有否新建議。

2.1.1.8 有委員認為被提名的行政長官候選人應先物色所有影子內閣成員，以避免私相授受。

2.1.2 產生方法

2.1.2.1 有委員建議規定「行政長官不由協商產生」；但不少委員認為取消「協商」等於違反《中英聯合聲明》。

2.1.2.2 有委員指出，選舉團的弊病是行政長官及政府易受利益集團的影響，而導致官商勾結，且這種選舉方法會削弱行政長官的權威性。有委員卻認為，選舉團的選舉方式行之有效，如附件一的方案三大選舉團的組成比例十分恰當。

2.1.2.3 有委員指出，「循序漸進」的含意不明確，會否意味民主是朝向社會主義的發展，因為許家屯曾謂：社會主義的民主是最廣泛的民主。

2.1.2.4 有委員認為，「循序漸進」應以增加市民的參與程序這方面來理解，故建議在第四十五條加上「行政長官的產生辦法是以發展市民普及選舉為目標」，但有的委員表示現在尚未決定採納哪一方案，故未必有加上此句之需要。

2.1.2.5 有委員指出，行政長官既是由中央人民政府「任命」，便應寫明由誰「罷免」。而有委員認為，既由中央任命，是否也意味由中央人民政府罷免。

2.1.2.6 有委員提出，行政長官最後之產生方法若是選舉產生，會否取消「協商」字眼；若由「協商」產生，會否取消「選舉」字眼。

2.1.2.7 有委員贊成間選，因民主與間選或直選並無大關係，因擁有選舉行政長官權利的人士之來源更為重要，而間選正合乎公眾

利益及現行情況。

※

④ 1988 年 10 月基本法諮詢委員會《中華人民共和國香港特別行政區基本法（草案）徵求意見稿諮詢報告第五冊——條文總報告》

【P210-213】

第四十五條

2. 意見

2.1 任命

→ 反對本條有關行政長官由中央人民政府任命的規定。

理由：

⊙ 與「港人治港」的原則不符。

⊙ 違反高度自治。

⊙ 造成中央干涉香港的行政。

⊙ 所有高級官員全由中央人民政府任命，港人無法自行選賢與能。

⊙ 中央無法知道香港官員的工作能力及情況。

→ 應更清楚列明在香港特別行政區選出行政長官後，由中華人民共和國行使任命行政長官的權力。

→ 應列明香港特別行政區行政長官的薪金和支出由香港特別行政區支付。

理由：以顯示雖然行政長官由中央人民政府任命，但仍是香港特別行政區選出來的代表。

→ 行政長官的薪金和支出水準，應參照中央人民政府水平，並由香港特別行政區自行決定。

2.2 選舉或協商

→ 協商不如直選或間選那樣民主，如要民主，就要實行選舉。

→ 基本法是日後治港的長期法則，故現時不應列明任何有關選舉行政長官方式的規定。

→ 選舉和協商是兩種不同性質的方法，只能擇其一。

→ 應規定未來行政長官不由協商產生。

→ 協商產生的行政長官難免被有影響力的利益集團所控制，有發展成為寡頭政治的危機。

→ 首數屆行政長官，可用協商方式產生。

→ 「根據香港特別行政區的實際情況和循序漸進的原則」一句在法律上是非常空泛的，難以準確界定。由於界定不明確，便需由全國人大常委會去解釋，但社會主義和資本主義對民主有不同的理解。將來特別行政區政制是否朝着社會主義民主的方向發展則成一問題。

→ 對行政長官產生方式變更的規定，應列明在一九九七年後定期作出檢討，以保證其發展。

→ 行政長官的選舉細則應由特別行政區的法律予以決定。

→ 第一屆特別行政區政府的「多數派」可按此條將特別行政區行政長官的產生方法變改，使以後的行政長官由協商產生。

→ 要改變行政長官產生的方法，應由更高權力機構或全民去決定，而不是行政長官的同意。

→ 若行政長官一人不同意，即使整個立法會議通過，變更行政長官產生辦法的議案也不能獲批准。

→ 附件一的修改不應報全國人民代表大會常務委員會「批准」，而只是「知會」。

理由：因為這是香港特別行政區的行政而已。

3.建議

3.1 全條修改

→ 改為：「香港特別行政區行政長官由立法會議選舉產生，由中央人民政府任命。

行政長官候選人由不少於十分之一的立法會議成員提名，每成員不得提名超過一位候選人。

選舉細則由香港特別行政區的法律予以規定。」

→ 改為：「行政長官的產生辦法可根據香港特別行政區的實際情況予以變更。此項變更須經香港特別行政區立法會議全體成員三分之二多數通過，並報全國人民代表大會常務委員會批准。」

理由：行政長官產生方法的變更，實毋須經行政長官同意。新建議較合理和較合邏輯。

3.2 個別條款修改

3.2.1 第一款

→ 刪去「或協商」一詞。

理由：

⊙ 「協商」非現代民主方式。

⊙ 保留「協商」一詞，或許是因為基本法的草擬需忠於已簽定的《中英聯合聲明》，但附件一所有行政長官產生辦法皆涉及選舉，而其中只有提名時或會透過協商，所以協商在選舉行政長官的所佔的成份實非常之少。

→ 「香港特別行政區行政長官……任命」改為「香港特別行政區行政長官應由一人一票選舉產生。」

→ 改為「……通過選舉產生，但在特別行政區成立首十年內可用協商方式產生。」

理由：「協商產生」等字句乃基於政治情況才寫進基本法，大抵上言之有理，但這僅是臨時措施，並應有時間限制。

→ 改為：「行政長官在當地通過全民普選產生。」

→ 「由中央人民政府任命」改為「交中央人民政府備案。」

理由：根據《中英聯合聲明》，香港特別行政區應享有高度自治。

→ 改為：「……由全國人民代表大會任命。」

→ 改為：「……呈交中央人民政府任命。」

→ 在第一款末加上：「他必須是一個廉潔奉公、盡忠職守的人。」

→ 將第一及第二款合併，以作為概括及忠實地反映了中英兩國政府的願望和經驗，而且較為穩妥和靈活。

3.2.2 第二款

→ 刪去第二款。

理由：現在香港各界人士的意見分歧很大，如勉強寫進基本法，對香港社會各階層的團結有不利的影響。同時，附件一的五個方案，只能作為首屆行政長官的選舉方式，因為在將來可能會有更好的方式。

→ 改為：「選舉方法由間接選舉推行。」

3.2.3 第三款

→ 刪去「行政長官同意」

理由：

⊙ 沒有行政長官會同意其本身權力受到規限或令其繼任人的委任

增加困難。

⊙ 若一議案被立法會議全體成員三分之二多數通過，則此決定已有足夠的群眾支持及理性基礎，故行政長官必須同意並接納此決議。

→ 刪去「和循序漸進的原則」。

理由：

⊙ 「循序漸進」乃非常主觀的形容詞，各人理解都不同。

⊙ 「漸進」的方向不清楚。

⊙ 預定了開始時的選舉必定是保守的。

⊙ 步伐緩慢，令人擔心。

→ 改為：「附件一規定的行政長官的產生辦法是以發展市民普及民主參與為目標，並根據香港實際情況予以變更。」

理由：現時香港各階層（工商、專業、基層）都贊成香港有民主制度，所以應清楚表明特別行政區以後的政制發展是朝向民主方向的。

→ 依上列建議，在「予以變更」前加上：「……和循序漸進的原則……」。

理由：說明未來特別行政區的政制發展是會循序漸進地增加一般市民參與政治的權利。

→ 改為：「附件一規定的行政長官的產生辦法可根據香港特別行政區的實際情況和循序漸進的原則予以變更，目的在第三屆選舉中開始推行行政長官經普選產生的辦法。此項變更須經香港特別行政區立法會議全體成員三分之二多數通過，行政長官同意，並報全國人民代表大會常務委員會批准。」

理由：按照世界性的趨勢及香港特別行政區在政制上的發展，行政長官終會經普選產生。於此說明在第三屆才經普選產生，是基於民主步伐而定的目標及由現時到第三屆才會有較成熟的政制發展為理由，且亦為配合「循序漸進的原則」。

→ 改為：「變更議案若經行政長官否決，應由立法會議再討論，若立法會議再以全體成員三分之二多數通過，應報全國人民代表大會常務委員會批准。」

→ 改為：「若要變更是項產生辦法，須經由立法會議全體成員三分之二聯名提出新辦法，繼由全體選民一人一票普選決定是否接納，最後報請全國人民代表大會常務委員會批准。」

→ 改為:「行政長官產生辦法的變更,由立法會議全體成員三分之二多數通過,不必行政長官同意,並可直接報全國人大常委會批准。」

理由:如須經行政長官同意,行政長官可因私人利益關係予以否決,阻遲變更辦法推行。

→ 改為:「……予以變更。在第三至第五屆的選舉內實行全民普選行政長官。此項變更……」

理由:港人知識水平及參與政制改進的機會日增,用普選方法選出行政長官是大多數人認同的最終目的。

→ 「批准」改為「備案」。

理由:能使香港特別行政區發揮高度自治。

→ 在「循序漸進」後加上「向全民普選過渡」。

理由:行政長官的產生辦法應以民主為發展方向,才能按循序漸進的原則變更。

→ 第三款可移入附件一中。

4. 待澄清問題

→ 若是「協商」,可和誰「協商」?

→ 既然特別行政區有高度自治權,為什麼行政長官還要中央人民政府任命?

→ 「根據……實際情況和循序漸進的原則」是否確切的法律語言及能否表達了明確的法律界限?

→ 什麼情況才算「實際情況」?

→ 「循序漸進」的定義及方向是什麼?

→ 行政長官由中央人民政府任命。但如中央人民政府不任命選舉出來的行政長官,會如何處理?

→ 中央人民政府是否一定要任命選舉出來的行政長官呢?

→ 由「中央人民政府任命」是否指中央人民政府有實權不任命「通過選舉或協商產生」之候任行政長官?若然,條文如何能保證由港人選舉出來的行政長官不受政治立場或壓力左右?

【P483-513】

〔編者按:針對前述基本法(草案)草稿所提出的五個方案進行討論〕

對行政長官產方法的原則有以下意見：

1. 符合民主、公平的原則

→ 體現高度民主，透過民主選舉而產生。

→ 保障市民的民主權利。

→ 要公平合理。

→ 市民有權罷免那些不稱職的官僚，將來行政長官的權力必須掌握在民主人士手中。

→ 公開競選，以避免不必要的幕後政治交易。

→ 盡量避免受個別利益團體或政治組織的操縱。

2. 行政長官的質素與代表性

→ 以挑選最適當和最理想的人選為重要前提。

→ 需有足夠的行政經驗，高度的外交手腕，高尚的人格，處事大公無私。

→ 要有足夠的決斷力及膽量。

→ 要保證行政長官得到社會各界的廣泛支持並有充份的權威性。

→ 行政長官代表多方面的利益，包括不同的階層、專業和行業。

→ 行政長官除需向其選民負責及交代外，亦需向其他非選民交代，不應忽略整體的利益。

3. 照顧社會安定繁榮

→ 保持社會的穩定以利平穩過渡。

→ 照顧社會的經濟發展。

4. 行政與立法的關係

→ 要使行政長官和立法會議能夠互相配合和制衡。

5. 「高度自治」

→ 體現「高度自治」的精神。

附件一　方案一

2. 意見

2.1 贊成意見

第七稿

→ 贊成此方案。

→ 此方案較可取。

理由：

（1）行政長官的質素與代表性

⊙ 能確保候選人的質素

⊙ 能物色在各方面都適合的行政長官候選人。

⊙ 有更大機會選出精英份子。

⊙ 使行政長官更有代表性。

⊙ 行政長官能得到各階層，包括立法機關的支持，使其能更有效地領導香港特別行政區政府。

（2）保持現狀

⊙ 可維持現有情況。

⊙ 政治制度的變動幅度會較小。

⊙ 可維持資本主義制度。

⊙ 唯一保證能選出以行政為主導的政府。

⊙ 此乃傳統上產生政治人才的基本渠道，且為一般人所接受。

（3）穩定政府及平穩過渡

⊙ 唯一可保證一個穩定和有持續性領導政府的方法。

⊙ 可保障中國政府在未來十年至二十年內維持它對香港的承諾。

⊙ 能集合各界支持，減低壟斷和產生黨派的可能性。

⊙ 減低對抗性政治的可能性。

⊙ 唯一可保證香港在未來十年或二十年即使遇到危機，也能平穩過渡的方法。

⊙ 會更重視香港之商業利益和需要。

（4）循序漸進

⊙ 較適合香港的實際情況和符合循序漸進的原則。

⊙ 能採取循序漸進、按部就班的原則，適合一九九七年後特別行政區初期的政制模式。

⊙ 不宜作過度之更改，應本着循序漸進方式，以保持香港之繁榮安定。

⊙ 由於普羅大眾對政治冷感，現在還不是引進立法為主導的政府的時機。

⊙ 現時一般市民的政治意識、公民教育及民主政制的進展緩慢，對於各種選舉亦無清晰概念。

⊙ 香港市民對社會事務冷淡，很難達到真正「民主化」。

⊙ 現為開始轉變時期，此方案較為適合。

（5）支持選舉團

⊙ 選舉團包括勞工、社會服務、功能界別及立法機關的成員等在內，相對立法機關的成員而言，並無忽略普及代表性的問題。

⊙ 選舉團有廣泛代表性。

⊙ 選舉團選舉產生行政長官的方法，既有代表性，又不容易被壟斷，而且香港人對功能團體選舉亦有相當經驗。

⊙ 可令行政長官不致受制於立法會議或某一團體、某一階層，因為大選舉團並非權力機關，選舉完畢後即須解散。

⊙ 沒有人能影響選舉團的公平性。

⊙ 它們代表了香港最受重視的政治階梯，亦包涵了選舉政治中的「功能原則」及「地域原則」。

（6）行政長官提名

⊙ 提名團的組成人數並不太多，較易在提出候選人時產生協商的作用。

⊙ 候選人的數目不致太大，不會令投票人無所適從，也不會削弱當選人的代表性。

（7）協調

⊙ 比較穩重，是一種協調方法。

⊙ 不會使任何一個團體或人士操縱選票。

⊙ 既不激進，也不保守。

（8）民生重於民主

⊙ 市民之民生重於選舉。

⊙ 民主鬥士、野心政客當選會危害香港的安全。

（9）行政與立法互相制衡的關係

⊙ 行政與立法互相制衡。

（10）其他

⊙ 可以節省金錢。

⊙ 反映社會各階層的意願。

⊙ 可擁有群眾支持。

⊙ 公平。

⊙ 比較合理。

⊙ 最妥善及最好的方案。

⊙ 香港社會複雜、黑社會勢力很大，一人一票選舉會造成黑社會滲入政府。

2.2 反對意見

→ 不贊成此方案。

理由：

（1）只維護某一階層利益

⊙ 工商界和專業界所佔的比率太大，別的團體只有陪襯作用，形成一小撮人掌握大多數人的命運。

⊙ 選舉團方法有欠公平，不能照顧各階層利益；反而傾向工商界利益。

⊙ 在選舉團進行投票選舉行政長官時，有財勢者亦不難在這僅得 580 人（除去了 20 名委員）的選舉團中憑藉財勢買到一半以上的票數而當選為行政長官。如此，產生出來的行政長官會從人民身上剝削以彌補他在選舉時所付出的代價，最終受害者乃全港數百萬港人。

⊙ 以工商界所佔的比例為最大，不符合均衡社會各界利益的目標。

⊙ 選舉團的組成比例沒有清楚界定，因此可能會形成某專業人士比較多，而造成他們被選中的機會較多。

（2）易受一小撮人操縱

⊙ 大選舉團的人數太少（只有 600 人），極容易被控制和操縱。

⊙ 容易受一小撮利益集團控制。

⊙ 容易造成壟斷選舉和選舉被操縱的情況。

（3）違反大多數人意願

⊙ 由選舉團所選出的行政長官，未必能夠代表各選舉團中大部份人的意願。

⊙ 被列入選舉團的團體挑選其代表的方法不一定為公眾所知，也不會受公眾監察，極易為人操縱和濫用。

⊙ 選舉團聲稱為建基於共認的政府，但其實它是建基於陰謀的政府。

⊙ 選舉團迫使一些專業團體、商會、慈善、宗教、勞工和其他社會團體負責挑選行政長官，使它們超乎其正常功能範圍地政治化。這些團體有部份成員是臨時會員，那就會令選民不能有效地強制行政長官對其負責。

（4）缺乏代表性與不公平

⊙ 六百人代表六百萬人，不夠代表性。

⊙ 缺乏代表性。

⊙ 選舉團只照顧特殊組別之利益，違反政治平等參與之原則。

⊙ 因為選舉團中各成員所代表的團體人數不同，僅以票數的多寡而決定誰當行政長官會出現不公平現象，因為落敗的候選人代表的團體人數很有可能多於被選出的候選人。

⊙ 所謂大選舉團實質上以富裕及中上階層為主導的單位代表組成，其階層利益傾向不言而喻。

⊙ 違背了公平的原則，導致社會上其他階層的不滿。

⊙ 抹殺了市民的選擇權利，他們的意見是把權力集中在六百人的選舉團身上，而他們無須讓公眾知道他們會選什麼人出任行政長官。事實上，籌組選舉團時，並無行政長官候選人供他們選擇的。

（5）影響行政長官質素

⊙ 由幾百人選出的行政長官，其代表性和權威性一定很低，不會得到市民的支持。

⊙ 行政長官無法獲得全民支持，影響本港繁榮安定。

⊙ 在一個極小的範圍下選舉，很容易受到利益的交換，在這方法下選出的行政長官不一定是最理想的。

（6）對政府運作不利

⊙ 一個由各行業人士組成的選舉團或選出的行政長官面對的是各行業代表爭奪利益的局面，他們的政策亦變得受這行業利益影響而變得沒有方向及反覆不定。

⊙ 如果兩個候選人的票數都是少於一半，而進行次輪投票。但若以完成責任為宗旨，盡量選出一人為行政長官。那樣政府運作未必是有利。

（7）選舉團的產生含糊

⊙ 選舉團內什麼行業有代表和行業內哪些團體和專業有代表，根本就不可能有一個客觀標準。所以，當釐定哪些團體或人可進入選舉團，必引起社會上廣泛而極大爭論，對社會不利。

⊙ 選舉團的產生方法並無列明。

（8）令制度僵化

⊙ 大選舉團的制度一經制訂後，既得利益者必然會抗拒任何修改。這個制度必然變成一個僵化的制度，完全不能配合社會的需

要和民主的發展。

（9）加劇內部衝突

⊙ 現在的地區選舉團，已相當複雜，將來那麼大的選舉團，其中必會有派系鬥爭及彼此互相傾軋的情況。

（10）行政長官的提名

⊙ 提名委員會的設想是沒有需要的。提名競選行政長官可由一個規定數目的選舉成員作出。

⊙ 大選舉團的二十人提名團，將決定了候選人的資格，所以所謂選舉，實質由 20 人預先決定選舉結果，與委任分別不大。

⊙ 提名委員會由 20 人組成，而且行政長官候選人僅限三人，易造成提名委員貪污舞弊的機會。而有才幹能力的人士，若未能先討好這些提名委員，亦難有機會被提名為行政長官候選人。

⊙ 提名委員會在提名前已操縱將來當選之行政長官權力，選舉團更有力操縱將來當選之行政長官。

⊙ 行政長官的提名只涉及數十人，而他們並非由民主方式產生，野心政治家很容易通過人事關係，私相授受，甚至〔以〕各種形式的「買票」去爭奪政治權力，令特別行政區政府變得腐化。

⊙ 選舉和提名之局限過大。

⊙ 如行政長官的候選人只能由一個二十名成員的提名團提名，這樣的產生方法便不能成立一個廉潔政府，亦不能帶來信心。

⊙ 反對提名團方式，因為三名候選人是由不民主的提名委員會協商產生的，然後再進行一人一票，意義其實不大。

（11）漠視民主及人權

⊙ 缺乏廣泛的社會參與。

⊙ 剝奪一般市民的機會。

⊙ 違背公平參與的原則，漠視市民的平等政治權利。

⊙ 忽略市民的利益與權利。

⊙ 嚴重打擊港人的歸屬感。

⊙ 不民主及不公平。

⊙ 過於保守。

⊙ 凡是香港合法選民均應有一人一票選舉行政長官之權利。

（12）其他

⊙ 容易受到中央人民政府的干預及控制。

⊙ 削弱港人的公民意識。

⊙ 有黨派在香港出現，香港的民主根基就會更穩固。對抗性的政治是健康的，有對抗性的政治，香港才有民主。

⊙ 第（六）項規定選舉細則由香港特別行政區政府以法律規定，故方案一並無法在選舉細則訂定之前施行。而且在特別行政區立法會議未成立前，亦無從制定法律。未有行政長官，亦無人簽署及公佈法律。

2.3 其他意見

2.3.1 選舉團的優點

→ 令工商界人士繼續留在建制內，保持香港經濟繁榮。

→ 選舉團成員其廣泛代表性，包括工商、金融、專業人士、教育、勞工、宗教、社會服務及公務員等組別，所以只怪責工商界壟斷是不公平的。

2.3.2 選舉團的缺點

→ 間接地迫使競逐行政長官的候選人必須要取悅於選舉團的各組成界別，未必能杜絕「免費午餐」的存在。況且它極容易造成私相授受，「小圈子」或者感情票的出現。

→ 「選舉團」作為一種間選制度可能導致「黨派政治」之產生。

理由：

⊙ 選舉團成員的數目有限，競爭者自會千方百計通過種種途徑向這些成員爭取拉票。

⊙ 選舉團內勢力範圍的出現可能把不同組織之間的明爭暗鬥更為尖銳化。

→ 不能確保選舉團的成員免受外來的壓力。

理由：

⊙ 香港社會圈子狹小，未必有選舉團成員願得失於一個具有「組閣」能力的未來行政長官。

⊙ 參選人會向選舉團的個別成員施加壓力或進行游說，要求其幕後允諾予以支持。

→ 概念有欠周詳

理由：

⊙ 「選舉團」選舉完成便即解散，在「對選民直接負責」方面欠了一個常設的負責對象。

⊙ 此方案沒有交代「選舉團」的成員是以香港整體的利益為依歸，而不受限於界別的分野，抑或其選擇純由其代表界別指定，他本

人只扮演着一個機械性的角色。

→ 有可能導致將來工商界壟斷香港政權的危機，而且更可能產生工商界直接掌政，控制香港之經濟命脈及行政大權之局面。

理由：工商界直接佔選舉團成員三分之一，又間接控制另外百分之十至二十的選票（如法定團體、慈善團體）。

→ 由大選舉團體選出來的代表極可能是一群工商界人士的代表，他們無須向廣大的市民交代。

→ 只要控制二十人的提名委員會其中的十一人，便能決定誰可出任下屆的行政長官。

→ 提出選舉團由宗教、教育、公務員及慈善機關等各類功能界別的代表組成，即把現時非政治性團體政治化。

2.3.3 對選舉團仍有保留

→ 此方案有「來自社會各層面的精英治港」的含義，用意不差，問題是二十名提名委員會的產生是否恰當，和會否製造少數「政治貴族」，成為香港社會階層流動性的路障並形成新的封建體系等，這都有待詳細考慮。

→ 有可取之處但還不完善。

理由：

⊙ 此方案排除了中央政權的參與。

⊙ 此方案並沒有提出選舉團的界別比例。

→ 大選舉團的組成缺乏了全國人大香港區代表，使其中的代表欠缺重要的一環。

理由：一九九七年後，全國人大香港區代表仍由港人以民主方式選出，其重要性不下於立法會議議員。

2.3.4 其他

→ 第二條所提及的「永久性非法定團體」的定義須加以界定。

→ 為避免與功能團體的身份重疊，「法定團體及永久性非法定團體」不應獨立地有代表席位。

→ 第三段列明「屬民主程序選出其代表」，但並無界定何謂「民主程序」，而各個團體有不同的方式選出其代表，因此這一點比較含糊，需要清楚訂明。

→ 目前沒有排除行政長官可由立法會議議員出任的可能性，而選舉團部份成員由立法議員出任，則行政長官有雙重身份是可能的，因此，要考慮立法議員當選行政長官就要辭職的可能性。

→ 立法會議議員既是選舉團的部份成員，則選舉團在選舉立法會議成員時，應要考慮他們的雙重身份。

→ 第五點並無作用。

3.建議

3.1 選舉團組成的原則

→ 應明確規定選舉團各類代表的名額、比率及產生方法。

→ 大選舉團的界別，還可以廣泛一些，使各階層人士有充份的代表，使各界所佔的比率分配較平均。

→ 大選舉團的組成盡可能顧及廣泛代表性，增加基層團體、勞工及草根階層的代表名額。

→ 大選舉團的概念再加入一些直選成份。

→ 大選舉團的各有關界別代表應以民主推選方式選出，以保證代表各界階層的意願，不應以分區選舉的方式來組成大選舉團。

→ 任何用以選出行政長官的選舉團，必須要有均衡及廣泛代表性的組合，這樣才可確保獲選的首長或立法會議成員不會偏袒維護某一階層的利益。

→ 應制定一些法例以擴大選舉團中各代表團體的席位。

→ 應有更多立法機關成員參與提名過程，提名行政長官候選人予大選舉團選舉。

→ 大選舉團人數可減低，而立法機關成員的比例可增加。

3.2 選舉團組成的具體建議

→ 代表社會上兩極利益的工商界和基層席位，各不能超過百分之三十至三十五。代表專業和地方議會的席位則各不超過百分之十五至二十，而成為政治上的中間勢力。任何階層都沒有壓倒性的優勢，任何候選人都必須以持平的立場，贏取選舉團的大多數支持。

→ 選舉團由香港各界人士代表組成，其成員包括：立法機關的成員、各區域組織的代表、各法定團體和永久性非法定團體的代表、各類功能界別的代表，共約 500 人。

→ 由 500 至 800 人組成的選舉團產生行政長官。選舉團由功能團體和地區議會組成，因為它們分別代表了當今在香港最受重視的政治階梯，因而使選舉團承接了香港目前的政治基礎和傳統智慧。

→ 六百人選舉團由各界人士代表組成。

工商金融界人士 20%

專業人士 20%

勞工、基層、宗教界人士 20%

區域組織選舉 20%

行政立法機關成員 15%

人大代表及政協委員 5%

→ 由功能團體和地區議會產生一個選舉團,再由選舉團產生行政首長。

依 60-80 人組成的立法機關推算,香港有 42-56 個基本結構「功能組別和地區議會」,平均每單位產生 10 個代表,共組成一個 420-560 人的選舉團。

→ 在過渡期間,行政長官應由 600 到 1000 名本港各界人士代表所組成的選舉團選出,惟候選人數目不必限於 3 名,而且任何本港永久居民,只要獲得選舉團十分之一成員的支持即可參選,這樣會較為公平,而候選人的數目最多有 10 名。

→ 大選舉團的成員 400 至 600 人,由香港各界人士代表組成,其成員包括以下四大類:

(1)工商、金融團體代表;

(2)專業團體代表;

(3)宗教、社會及慈善服務機構代表;

(4)地區街坊組織及勞工團體代表。

在大選舉團內各個社團和組織可按內部的規定,用民主程序選出其代表。所選出的代表將以個人身份投票,一人不能兼任多個社團和組織,任期只能維持到選舉完成即結束。

大選舉團成員均可競選行政長官。但候選人須獲選舉團成員 10 人以上提名。提名人不得提名超過一個候選人。

→ 總人數為 700 名,增加基層代表人數,分別如下:工商、金融團體 150 人,專業團體 200 人,勞工團體 100 人,宗教、社會及慈善服務機構 100 人,街坊組織及小販團體 150 人。

由選舉團選出 20 人為提名委員會,再提三位候選人的辦法有點局限性。主張在 700 名選舉團中之任何 10 名代表都可以提出候選人一名。然後由 700 人採取一人一票選出。

→ 應准許政府高層官員成為一個功能團體去選舉他們的代表。

→ 由本地下列人士組成的選舉團產生行政首長。

立法局議員 60 人

香港特別行政區人大及政協 20 人

社會團體代表 12 人（街坊會 2 人、宗教界 4 人、學術界 2 人、基層勞工團體一漁、農、小販 2 人、體育界 1 人、慈善團體 1 人）

行政局非官守成員 8 人

區域性組織代表 24 人

由這個 124 人的選舉團選出一個 20 人提名委員會，由它經協商產生一至三名候選人。候選人由選舉團投票選出行政首長。

3.3 提名團與候選人數

→ 為了盡量利用人才，建議考慮提名團可互選一人為候選人。

→ 選舉團是一個兼具提名權及選舉權的組織。候選人必須得到百分之十的選舉團成員提名。若候選人本身為選舉團成員之一，則在獲得提名之後，當退出選舉團，其席位由有關選舉單位選舉代表補上。

為了公正的形象，預防遺才的可能，以及部份滿足參與的慾望，選舉團除自行提名外，亦應公開邀請外界提名，外界乃指有資格選舉代表組成選舉團的功能組別和地區議會之外的社會團體，而個人並無提名權。為了確保提名的嚴肅及效率，外界社會組織何者有提名權及如何提名，必須從長計議，並予以明文規定。

提名委員會應擴大至 40 人，以加強其代表性，其中應有 15 位為立法機關成員。

→ 除了大選舉團之 20 人提名小組可以提名行政首長候選人之外，亦可以由有志成為行政首長候選人；通過爭取大選舉團成員之一定人數支持（例如 20 人或 30 人）而得以成為候選人。

→ 候選人數目不限，最多可有 10 名，選舉團應在選出行政長官後解散。

→ 在選舉行政長官的提名過程中，立法機關應替代該有 20 名成員的提名團。每個候選人應為不少於立法機關十分之一成員所提名。

理由：以確保行政長官可得到立法機關一定的實質支持，這可避免「跛腳鴨」政府的出現。

3.4 選舉程序

→ 「選舉團內的各個社團和組織可按內部的規定，用民主程序選

出其代表。」應改為「由特別行政區政府以法律規定」選舉程序。

→ 審查過程：選舉團內部提名及收集外界提名後，應審查候選人之資格是否符合基本法之有關規定。

→ 辯論過程：候選人應有機會會見選舉團陳述抱負及接受質詢。

→ 選舉以不記名投票方式進行。

→ 候選人以得到選舉團全部成員的一半以上選票視為當選。

→ 上述審查過程和辯論過程應盡可能公開，以表示公平及負責。

→ 有關投票方式需要改善，應像今年立法局功能組別選舉所採用之按選擇次序淘汰制度。

3.5 逐步發展

→ 一個像議會制的民主制度應該在一九九七年後的十年以後才考慮。

理由：

⊙ 民主政制的發展乃決定於政治參與的程度，而不是調查所得的人民意願。

⊙ 大選舉團的組成部份應決定於組別而不是個人。

⊙ 大選舉團內工商界利益應該減少。

→ 隨着時間的轉變和符合社會潮流，日後應以全民投票選出。

→ 大選舉團制應該是短期性的。

→ 一些人士接納只在最初兩屆選舉中用大選舉團，在第三屆則須轉用普選。這項建議是不能接受的。

→ 經過十年的經驗，市民應有能力透過直選選出一個領袖。

→ 由第三屆開始行政長官的產生應透過一人一票普選。在第三屆之前，香港特別行政區政府的首要工作則是要增強市民的公民意識，立法會議成員之產生逐步邁向選舉形式，應可加強市民之參與及認同。

→ 將方案一試行十年，到第三任行政長官才由全港選民一人一票產生。

理由：‧這樣處理可避免特別行政區過急施行一人一票選舉行政長官而出現社會混亂和政治動盪局面。

→ 二零一七年經「普及而直接的選舉」產生行政長官。屆時行政長官候選人的提名仍可以組織一個有廣泛代表性的提名委員會，提出兩名至三名候選人，再經「普及而直接的選舉」產生行政長官。

4.待澄清問題

→ 何為「內部規定」？

2.意見

2.1 贊成

→ 贊同此方案。

→ 此方案較可取。

理由：

（1）行政長官的質素

⊙ 確保行政長官獲得群眾的支持，使他成為港人合法的代表。

⊙ 真正具代表性。

⊙ 更具權威性。

⊙ 能讓有才幹及有社會地位之人管理新政府。

⊙ 可向全港市民負責，為港人所監察。

⊙ 令市民對政治領袖的認同感增強。

⊙ 充份體現行政長官必需的信授性。

⊙ 賦予行政長官真正的權力基礎。

⊙ 被提名的候選人大多有任職立法、行政或司法機關的經驗。

⊙ 獲得立法會議的認同和中央及香港市民的接受和承認。

⊙ 賦予行政長官合法的地位去解決各部份人士的利益衝突。

⊙ 產生一個獨立而擁有足夠權威的行政長官，保證屬下政府各部門首長和其他公務員能維持一個有效率的政府。

⊙ 有權對行政長官加以監察，從而使行政長官更有效率地領導將來的特別行政區政府。

⊙ 市民有權令不盡責的行政長官下台。

⊙ 可避免行政長官只顧及某階層利益。

（2）行政長官的提名

⊙ 行政長官候選人既由不少於十分之一立法會議成員提名，權力來源便是全港市民。

⊙ 被提名者多瞭解香港政府及政治的運作。

⊙ 是唯一能確保被提名者有廣泛代表性的方法。

⊙ 在提名的限制及選舉的權利方面，此方案較合理。

⊙ 可以作為一個有效的過濾層，免致一些對政治毫無認識的公眾

第七稿

人物參加競逐。

⊙ 由立法會議成員提名可簡化政制,防止混亂。

⊙ 可減低候選人數目。

⊙ 避免因提名人不受選民歡迎,影響投票結果或對行政長官不信任等問題。

⊙ 一個有八十名成員組成的立法會議應較一個只有二十名成員及由非全面方式產生的提名委員會更能代表特別行政區居民。

(3)行政與立法的關係

⊙ 令行政、立法機關有一定的溝通,貫徹互相制衡的原則。

⊙ 使行政長官和立法會議更緊密的聯繫。

⊙ 提名方式使行政長官與立法會議間接地建立起關係。

⊙ 由立法會議成員提名可保證行政長官要向立法會議負責。

⊙ 行政長官獲得不同來源的人民授權,故足以抗衡立法會議的權力。

⊙ 可保證行政長官得到立法會議一定程度的支持和信任,加強兩者之間的協作,減低立法會議日後對抗行政長官政令推行的可能性。否則,兩者關係薄弱,對政府的穩定和效率有消極的影響。

⊙ 因為行政長官的候選人只須得到十分之一的立法會議成員提名,所以不能說行政長官會受到立法會議不適當的影響。就算一個長期為立法機關的少數派認同的候選人也不會認為得到立法會議十分之一成員的支持是困難的。假如這樣的候選人被提名的話,他/她與其他由選舉團或香港特別行政區居民選舉產生的立法機關大力支持的候選人會得到同樣的機會。

(4)符合民主公平原則

⊙ 充份代表民意。

⊙ 符合公平的原則。

⊙ 體驗民主自由和政治平等的權利。

⊙ 以保障一九九七年後能貫徹高度自治、邁向民主之原則。

⊙ 是邁向民主社會的開始。

⊙ 加速開放政府的發展。

⊙ 自由、法治之精神能得以鞏固。

⊙ 符合民主精神。

⊙ 貫徹《中英聯合聲明》中所載的「民主精神」。

⊙ 基於香港市民知識水平高、知識發達(編者按:「知識發達」

懷疑是「通訊發達」之誤）、訊息傳遞快捷，這些條件有助發展民主政制。

（5）港人的參與及選舉權的保障

⊙ 人人皆享有政治參與的權利。

⊙ 保障居民自由、人權和政府運作制度化。

⊙ 只有由一人一票產生，才能代表香港人，及達到「港人治港」的要求。

⊙ 以香港社會的教育水平、通訊條件和法治精神，香港人完全有能力在選舉中作出理性的選擇，他們的民主權利不應被剝奪。

⊙ 市民通過投票，更能直接關心及參與政事。

⊙ 為着提高廣大市民之公民及民主意識，普及而直接的選舉是最佳的教育方式。透過實踐和體驗直選，可使公民及民主意識快速提高。

⊙ 透過人人可參與的選舉，令市民對這個選舉有信心，對香港有歸屬感。

⊙ 可讓更多人參與選舉。

⊙ 體現人民權利。

⊙ 可讓合乎選民資格的居民行使其選舉權利。

⊙ 可保障全港市民利益。

⊙ 是最值得港人信任及參與的方式。

⊙ 基於現時公眾對直接選舉的接觸與認識，在一九九七年後，選舉行政長官這個重要職位時，選民必能作出最明智的選擇。

（6）確保社會繁榮安定與落實「一國兩制」

⊙ 以最直接和公開的方法選舉行政長官（即通過普及和直接選舉）是香港長遠穩定和繁榮的最佳基石。

⊙ 有利維持行政的穩定性，保證將來香港的繁榮及安定。

⊙ 只有當市民感到本身意願受尊重時，才會盡力維護本港的繁榮安定。

⊙ 能確保有穩定的政治制度。

⊙ 能確保香港的安定繁榮和「一國兩制」的實行。

⊙ 真正落實「一國兩制」、「高度自治」的政策，體現《中英聯合聲明》的精神。

⊙ 有助於維繫和加強港人對未來之信心。

⊙ 加強市民對等別行政區政府的信任。

（7）政黨問題

⊙ 不會造成對抗性政治或黨派。

⊙ 反對此建議的人的真正原因和論據是恐懼政黨的產生。

（8）其他方案不可接受

⊙ 其他方案所建議的方法對市民的選舉權均有所限制。

⊙ 其他方案不夠詳盡，亦缺乏代表性。

⊙ 其他方案未有容許這種普選的方式。

⊙ 此方案較其他方案清晰明確。

⊙ 其他方案大都涉及界別的組成問題，誰來決定這些界別，和每一界別人數的多少，都是極受爭議的問題。

⊙ 涉及的人力及物力較其他方案少。

⊙ 其他方案建議的方法均會削弱行政長官的代表性和權威性。

⊙ 此方案是避免壟斷或受利益集團控制的最有效方法。

（9）反對採用選舉團方法

⊙ 其他方案的產生方法都有「選舉團」的存在。

⊙ 大選舉團選舉、功能團體選舉、顧問團協商和提名委員會協商的選舉方式，不論其提名方法和選舉方法，掌握在一小撮人手上，而把廣大市民摒諸政治門外，這是不民主的做法。

⊙ 大選舉團形成小圈子政權，行政長官未有群眾支持，不能順利執政。

⊙ 大選舉團內的工商界和專業人士於人口比例中尚為少數，卻沒有顧及香港的二百六十萬勞工。

⊙ 各種選舉團的方式違反以下兩個原則：

1）普及性：選舉團只賦予部份成年人有選舉權，經這批人所選出來的行政長官難以兼顧社會上各階層的利益。

2）公平：功能團體的代表人數各有不同。

⊙ 代表性成疑。

⊙ 既得利益者會把大選舉團縮細，形成專制獨裁統治。產生出來的行政長官也只會為其本身界別謀福利，形成不公平現象。

⊙ 現時香港政府已答應在一九九一年立法局的十個議席由直選產生，這時間距離一九九七年尚有六年，政制發展應「漸進」到普選行政長官。若還倒退到大選舉團無疑與「循序漸進」的原則有所抵觸。

⊙ 假若採用「大選舉團」形式，會形成小圈子政治，使大部份市

民沒法透過監察功能保證行政長官的質素。

⊙ 其他方案未免流於繁複，多由一些含糊不清的選舉團產生。

⊙ 免卻了選舉團設立時可能產生的摩擦及舞弊。

⊙ 這樣才不會使選舉團或直接選舉妨礙了一個具廣泛基礎的選舉。

⊙ 其他方案內的選舉團、功能團體、顧問團及提名團，如果全部由全港選民經一人一票的直接選舉產生才是可以接受的。

（10）其他

⊙ 減少選舉的複雜性。

⊙ 此方案較易明白，所以為公眾較易接受。

⊙ 令政治及意見多元化。

⊙ 可產生一個平衡的政府。

⊙ 此方案應該在一九九七年開始立刻實施，絕對不應將此方案變成「理想」，變成「遠景」，甚至不定期拖延實施等。

⊙ 可避免獨裁濫權和裙帶關係之滋生。

⊙ 可防止行政干預司法和立法，有助維持三權分立的發展。

⊙ 能一次過解決選舉行政長官問題上的爭論。

⊙ 較公開及不易被控制。

⊙ 推選權絕不能被一小撮人壟斷和控制。

⊙ 可防止「小圈子人士」漁人得利。

⊙ 除非採納此方案，否則所謂「協商」只是當權者幕後安排的代名詞，其結果必然是「京人治港」而非「港人治港」。

⊙ 如非由民主產主，很易產生獨裁行政長官。

2.2 不贊同此方案

2.2.1 行政長官的提名

→ 單以立法會議提名，對民主而言實有商榷之必要。

→ 單以立法會議提名，是否有廣泛代表性是值得深入研究。

→ 行政長官提名个應由立法會議成員控制，因需十分之一立法會議成員提名，故每一成員無可能都有權提名一人為候選人。這種提案本身已有矛盾。

2.2.2 行政與立法的關係

→ 導致立法專政，有損行政向立法負責的精義。

→ 間接形成立法會議內出現權力中心。

→ 由立法會議提名行政長官，會使立法會議的權力過份膨脹。

→ 行政長官由立法會議成員提名，會令前者受制於後者，有違三權分立，互相制衡的精神。

→ 由於行政長官希望能再次獲選而與立法會議作出某程度上的交易及妥協，因而受到立法會議權力的影響。

→ 立法會議會成為將來權力角逐之地。

→ 十分之一立法會議成員要代表全體香港市民，實不合理。

2.2.3 普選的問題

→ 以目前及可見的將來香港公民意識水準，暫未適宜以普及直接選舉的辦法選舉行政長官。

→ 容易造成舞弊的情形。

→ 全民投票會引起工商界與草根階層的紛爭。

→ 一人一票的普選未必能確定行政長官的「合法性」。香港現在或將來也不是一個主權國家，所以行政長官之產生不能獨立於中央的運作。

→ 港人對政治有「抗拒」的心理，加上為應付生活，因此形成真正「沉默的大多數」，造成一些人可以標榜代表「大多數」而「號令天下」。

→ 香港經歷了長期的殖民地統治，全民投票會令市民無所適從，甚至會被某些人利用。

→ 普通選民由於生活環境和工作壓力，根本沒有精力和熱誠去關心選舉，故一般選民中不少是為選舉而選舉的。

→ 在香港政治環境成熟之前，不應該妄行直選，以避免產生對抗性的政黨政治。

→ 進行一人一票選舉時，由於選民數目眾多，沒有政黨不行，但當時應還未發展成健全的政黨。

→ 很難知悉被選者的潛在資格。選舉過程中，宣傳聲勢大的一方往往可以壓倒一切，容易形成勢力範圍，使選舉失去真正意義。

→ 會令將來的行政長官利用「免費午餐」爭取更多的選票。

2.2.4 其他

→ 保持香港繁榮安定，有賴各階層和衷共濟、實事求是，所以必須認真考慮社會結構及組成力量，目前以功能團體作起步是有一定基礎，且符合實際和行之有效的方法。

→ 國家的政府會盡量尊重當地人民的意願，但並不代表當地的選舉結果可以取代國家的主權。

→ 會鼓勵社會福利的增加。

→ 質量方面保證較弱。

→ 香港特別行政區政府以法律規定選舉細則，故此方案並無法在選舉細則訂定之前施行。

→ 會被那些別有用心者收買和操縱選舉。

2.3 其他意見

2.3.1 此方案的優點

→ 增加立法會議成員的權力，並對直接選舉和間接選舉作出協調。

→ 以立法會議為提名組織，不須動用額外金錢、時間、人力物力去選出一個提名委員會。

2.3.2 此方案的缺點

→ 有令政府變成官僚化的危險。

→ 假設有共識政治，則不能出現只一人被提名。

→ 通過這個程序所產生的行政長官，未必能與中央人民政府保持適當的合作關係和溝通。

2.3.3 對方案仍有保留

→ 除非立法會議成員由選舉產生，否則此方案不可接納。

→ 如果數年後立法局實行直選，依此發展，如果證明是可行的話，便可以採納這個方法產生行政長官。

→ 採取不記名投票可令選民自由選擇，但容易有舞弊的情形出現。

2.3.4 有待改進的地方

→ 方案內沒有列明投票的程序。

→ 所提及的「全港性的普及而直接選舉」沒有具體說明。

→ 不必限於立法會議成員才有資格提名。

→ 四分之一的區域組織席位不值得保留。

→ 此方案只可作為過渡性起步措施，並應逐步演變成全由直選產生的立法會議。

→ 應由各功能團體產生一定比例的代表人物，再由他們選舉出行政長官，這樣較符合香港的實際情況。

→ 隨着香港社會的政治經驗漸豐，這種混合選舉的方法最終應予廢除，即立法會議所有成員需由直接選舉產生，而行政長官則由立法會議成員互選產生。

第七稿

2.3.5 行政與立法的關係

→ 行政長官候選人的提名程序，為立法會議所壟斷。立法會議權力過大，不獨行政機關要向它負責，而且更形成了間接上其實是在立法會議內產生政權，如此則失卻了行政與立法之間互相制衡，反而導致立法專政，監察者可能是間接上的執權者，這有損行政要向立法負責的意義。

→ 經附件二方案二產生的立法會議提名行政長官會變成以直選為主流，因為功能團體及選舉團選舉都帶有直選的成份。這與一直講求均衡的原則似有不同。

→ 使行政長官與立法會議妥協，恐有流弊。

→ 為了取得十分之一成員的支持，行政長官可能對立法會議的每一位成員都有所避忌。

→ 立法會議成員多數只會提名立法、行政或司法機關的成員。

3. 建議

3.1 條文刪除

→ 刪去第二項。

→ 刪去第四項。

理由：要使港人感到在推選行政長官方面有真正的決定權力。若港人知道行政長官會反映他們的意見，他們對香港的信心便會大增。

3.2 條文修改

3.2.1 行政長官提名

→ 行政長官之提名應由不少於百分之二十的立法會議成員提出，以便選出之行政長官能獲得立法會議之一定支持。

→ 香港特別行政區行政長官候選人，除了應該可由不少於十分之一的立法會議成員提名，亦可經由不少於一百名已登記之選民提名。

理由：可避免沒有支持的候選人出來競選。

→ 行政長官提名人的資格不應有太大限制，只要其為香港永久性居民便可。

→ 需市民十名提名。

→ 改為：「行政長官候選人也須同時得到不少於半數區議會各起碼一名區議員提名。」

→ 第一項加上：「可由四個區域議局聯合提名，政府機關也可提名。」

→ 提名權方面，除立法會議外，可另加一組織以擴大提名人之範圍，其中以區議會最為適合。

→ 修改為不少於某一定數目的選民聯合提名。

→ 「不少於十分之一的立法機關成員提名」改為「不少於 500 名香港中國公民提名。」

→ 把提名團的成員擴大至各級議會的每一位議員，即立法局、區域市政局、市政局及各區區議員（大數大約 600 至 700 人），而提名亦必須得到十分之一的議員提名方為有效。

理由：此舉可減輕行政長官與立法會議成員強烈掛鈎的形象，亦可使行政長官能對各級議員負責，加強行政長官的權威與代表性。

→ 候選人需獲若干數量的香港永久性居民提名，如有 600 人（即萬分之一）的香港永久性居民便可提名一位候選人。

理由：通過若干數量的香港永久性居民提名的建議是基於體現人人皆平等地享有提名行政長官的權利。只要候選人獲得若干數量的香港永久性居民的支持及提名，便可有參選的機會。這樣，可排除了行政長官的提名機會被立法會議成員壟斷的情況。

→ 所有行政長官候選人，在未被提名前，必需得到人大常委會贊同。

理由：中國政府對特別行政區主權的控制應在於行政長官提名之時，而非在選舉之後，如果中央人民政府拒絕任命剛選出來的行政長官（特別是重複地運用此種權力時），這便會大大打擊港人信心及出現權力真空。

3.2.2 行政長官候選人

→ 在第一項「香港特別行政區行政長官」之後加上「候選人」三字。

→ 候選人數名額不限。

理由：

⊙ 可避免行政長官候選人提名權由立法會議獨攬。

⊙ 可以確保每個合資格的港人都有平等的參選機會。

→ 建議應有五個候選人的席位較為適合。

→ 最多只可有三名候選人。

→ 凡提名者只提名一人，同時不得成為候選人，亦無權投票選舉

其他候選人；各候選人皆可自獲得其提名者的選票。
→ 凡行政長官候選人，必須無任何刑事犯罪紀錄。

3.2.3 競選費
→ 行政長官候選人的競選費用必須由立法會議按需要定期制訂，予以嚴格限制。

3.2.4 投票規則
→ 「無記名投票」可以改用身份證號碼作為記錄，比較適合。
理由：可以防止選民雙重投票，保障一人一票的公平投票。

4. 待澄清問題
→ 候選人是否皆為立法會議成員？抑或只有不少於十分之一的立法機關成員才有權提名候選人？

附件一 方案三

2. 意見
2.1 贊成此方案。
理由：
⊙ 可避免「港黨治港」的黨派政治體制。
⊙ 可以有一個有效率的政府。
⊙ 符合港人意願。
⊙ 香港居民對公民教育未有普及認識前，不應推行一人一票選舉制度，以免影響工商事業的發展。
⊙ 直選條件未成熟時，必須按步發展、循序漸進。

2.2 不贊成此方案。
理由：
（1）過份照顧工商界
⊙ 參與選舉的人太少，工商、金融團體控制了整個選舉。
⊙ 只照顧功能團體之利益，而這些功能團體均以工商界人士為主，所產生的行政長官並不能向公眾交代。
（2）功能選舉團選舉的弊端
⊙ 功能團體的成員，可能在他們固有的行業裡有美好的業績，但無人能確保他們有能力、資歷去帶領整個香港特別行政區。
⊙ 功能團體的突變、興衰會影香港政治局面的穩定性，繼而影響廣大市民的利益。

⊙ 功能團體的數目易擴難收，若越增越多，會使整個社會走向分裂的地步。

⊙ 功能團體的代表不一定由民主方法產生，大部份人未必有機會投票，因而直接影響選舉的代表性。

⊙ 一般香港市民對參與團體的熱衷程度都偏低，採用功能團體選舉會造成只有部份人有權投票，而導致大部分人的利益被忽略。

⊙ 功能團體或指定社會組織選派代表的弊端，就是沒法在個別利益的內部權力結構變化時提供一個和平過渡辦法。例如代表該界別的團體在社會的地位有變化時，會有行政手段的介入，又或者政府會被迫涉入團體間的利益糾紛，而增加官民之間的矛盾。

⊙ 功能代表比例中，專業團體佔百分之三十五並不合理。

⊙ 行政長官完全由間選的功能選舉團選舉出來，不夠民主。

⊙ 以選舉團產生行政長官，縱使有較民主方式產生的投票人，但亦難保證不被操縱。

⊙ 成員只有六百人易造成壟斷局面。

⊙ 容易受到一小撮利益集團控制。

（3）漠視民主與人權

⊙ 不民主和不公平。

⊙ 妨礙選舉的民主性。

⊙ 易忽略市民的利益和權利。

⊙ 漠視了香港普羅大眾的意願及參與的權利。

⊙ 缺乏廣泛的社會參與。

⊙ 缺乏代表性。

⊙ 這種選舉不會是真正的選舉，而是變相的委任。

⊙ 六百人不能取代六百萬市民的投票權。

（4）行政長官質素

⊙ 五十名香港永久性居民便可提名行政長官候選人，會令候選人數目過多，投票人無所適從，而且出於票數分散，獲選者可能沒有代表性。

⊙ 市民的參與及影響不大，所選出來的行政長官不夠民主和代表性。

（5）提案本身的弊端

⊙ 組織方法異常複雜，產生方法含糊不清。

⊙ 方案內沒有投票程序的條文。

⊙ 提案並不完整,何等人士才對政府運作及社會服務有影響力亦含糊不清,所列比例亦無法證明是公平的。

⊙ 選舉團如何產生也未定,這方案也就難以令公眾放心。

⊙ 未有列明哪些團體才有資格參加選舉。

(6)其他

⊙ 容易受到中央人民政府的干預及控制。

⊙ 此選舉團缺少了學生代表。因為學生也是社會的一份子,應有選舉的資格。

⊙ 香港存有不少的小集團和非法組織,如果不論資格,不論背景,只要有五十名香港永久性居民提名就可參加競選行政長官,社會容易出現混亂。

2.3 其他意見

2.3.1 此方案的優點

→ 功能選舉團一人一票的選舉方式可作為發展一人一票直接選舉的基礎。

2.3.2 方案的缺點

→ 此方案的提名方法過於簡單,而且可能造成候選人太多的現象。

→ 精英階層比例太多。

→ 功能團體的統一性有潛在憂慮。

理由:如功能團體在利益上有衝突,便不能同心一致選出一個代表。

→ 功能選舉團有點類似「大選舉團」,但卻完全由功能團體代表組成,由於其代表完全偏重在功能團體而不涉及其他方面,因而缺乏立法機關議員的支持,不見得比「大選舉團方案」為佳。

→ 若選舉團成員的產生是由中央推選的話,又或推選的成員多是附屬中央,那麼選舉團便是由中央管轄,大大影響選舉團的功能。

3. 建議

3.1 修改

→ 首兩屆特別行政區行政長官,應以間選產生,在第三屆以後,才推行全民普選。

→ 勞工團體佔百分之二十,工商、金融團體佔百分之二十,專業團體佔百分之三十。

→ 工商、金融團體佔百分之三十，勞工團體佔百分之十五，專業團體維持百分之二十五。

3.2 增加

→ 功能選舉團的成員比例應加入：

新界各鄉事會百分之十五及小巴行業團體百分之十五。

→ 加入大專或大學生代表。

理由：學生也是社會的一份子，應有選舉的資格。

→ 港九及新界各區街坊會均屬地區團體，應在基本法內詳列為社會服務功能組別之內。

4. 待澄清問題

→ 怎樣去界定功能選舉團的組別？

附件一　方案四

2. 意見

2.1 贊同此方案。

理由：

⊙ 行政長官由協商產生，可避免別有用心的人利用民意來和中央對抗。

⊙ 經協商選出的行政長官具代表性。

2.2 不贊同此方案。

理由：

（1）顧問團協商的弊端。

⊙ 顧問團的代表性有疑問。

⊙ 由於顧問團的成員數目太少（開始時只得 50-100 人），同時身份又局限於某類人士，缺乏代表性，難使人產生信心。

⊙ 顧問團會形成小圈子的政治運作，對建立市民對政府的認同及歸屬感和對行政長官的權威性均造成不良的影響。

⊙ 顧問團的構成和運作，基本上與大選舉團相同。但被操縱和被控制的程度比大選舉團更嚴重，可算是已達百分之一百。

⊙ 此方案提及顧問團人選須經行政會議甄選。但本法第五十四條提及，行政會議只是協助行政長官決策的機構。假若是由行政會議甄選顧問團的人選，將會出現內定承繼人之現象。

⊙ 容易受到一小撮利益集團控制。

⊙ 顧問團或選舉團完全是由行政會議中小撮人、行政長官及中央人民政府控制。提名及選舉都是那群人,這樣是會變成中央集權的制度。

⊙ 開始幾屆行政長官由顧問團協商產生,給予該團超然地位,實屬危險之舉。

⊙ 顧問團的產生辦法含糊,很可能對行政長官產生重大影響。

（2）中央干預

⊙ 容易受到中央人民政府的干預及控制。

⊙ 充份表現了中央主權的力量。

⊙ 最容易令行政長官受中央人民政府的影響。

（3）違反民主公平原則

⊙ 違背公平參與的原則,漠視市民的平等政治權利。

⊙ 缺乏廣泛的社會參與。

⊙ 此方案最欠民主成份,亦最為保守。

（4）提案本身的弊端

⊙ 組織方法異常複雜,產生方法含糊不清。

⊙ 方案內沒有投票程序的條文。

⊙ 提案內容不完整。

⊙ 「香港各界」意思含糊。

⊙ 關於第二及第三屆行政長官的產生,對誰有資格提名顧問團的規定和建議沒有列明。

（5）其他理由

⊙ 第一屆行政長官在中央的指示下,可以決定以後每一屆的顧問團人選,再透過顧問團與中央人民政府的協商產生每一屆的行政長官。

⊙ 是最容易產生獨裁者的方案。

⊙ 以「精英政治」和「老人政治」代替民主,使草根階層無法踏足政壇。

⊙ 由一個以退休官員、立法會議成員等組成的選舉團選舉方式,是一個不合理和完全摒棄市民參與的選舉方法。

⊙ 最突出的是歷年從政人士的特權政治,並着意保留英國殖民地時代的行政局權威地位,也可說是遺留最多殖民地政治體制殘跡的方案。

⊙ 完全違背了《中英聯合聲明》中香港特別行政區「高度自治」

的精神。

⊙ 其所達成的結果其實是由行政去控制立法，是目前殖民地委任體制的變相延續。

2.3 其他意見

→ 在顧問團之外另加選舉團，有重複和繁複之嫌。

→ 完全沒有說明顧問團的產生方法，相信是經委任產生的。

→ 若果選舉團只由卸任的歷屆立法會議成員、行政會議成員及行政長官等組成，難免每屆選出來的行政長官都是那幾個人或甚至連任。

→ 要經過這麼多甄別和協商才產生顧問團和選舉團，然後才產生行政長官，過程未免令人感到混亂。

→ 「協商」一詞意思含糊。

3. 建議

3.1 刪除

→ 工商界的比例過多，而基層組織的定義亦未清晰，故建議減少工商界比例及刪除提名委員會，改由十分之一立法會議成員提名。

3.2 增加

→ 顧問團把外圍駐港業（主要在經濟方面有影響的）列為三至五席，一方面可滿足外籍人士的要求，另方面可表明香港特別行政區之國際性特色。

→ 選舉團絕對不能有原政界人士，應增加名額給真正愛國的各界團體代表，這樣可增加愛國勞工和基層團體代表的比例。

3.3 其他

→ 顧問團的人選只須由各界及人民甄選，不須提交中央批准。

理由：避免顧問團受中央控制。

→ 不應准許顧問團的成員續任，因為這會產生操縱和限制了改善顧問團的機會。

4. 待澄清問題

→ 何謂政制專責顧問？他們需要什麼資格？香港究竟有多少此類顧問？何故要由行政會議甄選？

→ 「選舉團由已卸任的歷屆立法會議成員、行政會議成員、行政長官和曾經中央任命的主要官員等組成」。究竟行政長官是向過

往的政府負責，還是向市民負責？

→ 「如經顧問團及中央同意該屆行政長官繼續連任，則不必產生下一屆顧問團」。那麼，顧問團又怎樣向所屬界別負責？

→ 顧問團只得50─100人，而由各界提名及經行政會議甄選。各界是指什麼？是否全港市民一人一票選出來？這顧問團又憑什麼準則推選行政長官？

→ 在選出行政長官後，顧問團是否立即解散？

→ 在以後各屆，行政長官候選人要由顧問團協商提名，經中央同意後，才再交選舉團選舉產生，如此，中央的權力似乎過大。若果中央不滿意某候選人，選舉團是否需要再另行推選，直至中央滿意為止？

附件一　方案五

2. 意見

2.1 贊成此方案。

理由：

（1）符合民主原則

⊙ 比較民主。

⊙ 體驗民主精神。

（2）行政長官有代表性和權威性

⊙ 選出的行政長官較具代表性。

⊙ 只有透過普選產生的行政長官才會得到人民的支持，他的權威聲望也能維持。

⊙ 此方案讓一個具廣泛代表性的團體提名行政長官候選人，也讓全港市民在最後決定行政長官人選時有一定的參與。

⊙ 令行政長官獲得管治香港所必需的認受性。

（3）提名委員會的優點

⊙ 行政長官經過提名委員會甄選提名，符合三權分立的精神。而且提名委員會由各界人士組成，其成員包括各界的意見，不會產生幕後操縱的情況，甄選出的候選人也肯定得到各界的支持，再加上整體參詳甄選行政長官候選人的程序，保障重重。

⊙ 港人政治意識薄弱，由「香港特別行政區行政長官提名委員會」提名可幫助選舉順利進行，跟着由全港選民一人一票普選，亦讓大眾有參與選舉的機會。

（4）其他

⊙ 比較周到，顧及各層面。

⊙ 市民大眾透過普選的參與有助培育市民的歸屬感。

⊙ 大選舉團的方法違反《中英聯合聲明》。

2.2 不贊成此方案。

理由：

（1）不符合民主原則

⊙ 有協商成份，極不民主。

⊙ 漠視市民平等的政治權利。

⊙ 進行的一人一票普選只不過是民主的點綴。

⊙ 缺乏廣泛的社會參與。

（2）中央干預

⊙ 容易受到中央人民政府的干預及控制。

⊙ 人大代表及政協委員不應參與特別行政區的事務，這違反「高度自治」的原則。

（3）方案的缺點

⊙ 組織方法異常複雜，產生方法含糊不清。

⊙ 提名委員會的章程由香港特別行政區制定法律規定。故此必先有立法會議制定有關法律，更要由行政長官簽署公佈方能施行。但第一屆行政長官如何產生，全無交代。

2.3 有關提名委員會的組成

2.3.1 比例不平均

→ 立法機關的代表只佔百分之十二，而工商及專業團體反而各佔百分之二十五，太側重工商及專業界的利益，提名委員會容易受一小撮利益集團控制。

→ 各界別、團體應否有權參與及其比例等問題，很難有客觀準則作界定，形成外來壓力影響該委員會組成之成份。

2.3.2 有欠公平及民主

→ 由一個以不民主方式產生的提名團來甄選三位行政長官候選人的方法不可以接受。當進行普選時，市民的投票慾念可能會減低，影響投票率，從而削弱行政長官的威信。

→ 候選人的選舉只限於那些由有「代表性」的委員會所提名的三人，這並不是一個民主的制度。

→ 提名方法扼殺和排除了代表不同政見、階層、背景的人士參選

的機會，而獲得揀名的候選人只是一班傾向於一方面利益或受一小撮控制的人士，整個制度便完全喪失了合法性、代表性和權威性。

→ 一些未受關注或新發展的團體、界別，很可能未能加入提名委員會，減少了公平參與的機會。

→ 提名委員會的具體成員未被界定。雖然行政長官以一人一票直選方式產生，但只要被提名的三位候選人被操縱，實行直選與否的結果也是一樣。

2.3.3 其他

→ 人力耗費太大。

→ 委員會的成員會被那些別有用心者操縱和收買。

→ 以目前及將來的公民意識水準而論，暫不適宜以一人一票的辦法選舉行政長官。

→ 委員會仍是一個半封閉和保守的模式，易被小圈子中的既得利益者操縱，這種運作模式是不會受香港市民的支持。

2.4 其他意見

2.4.1 此方案的優點

2.4.1.1 方案本身

→ 對選舉過程的民主化作出妥協，同時保留了對被提名者質素的控制。

2.4.1.2 與其他方案作出比較。

→ 較方案一、方案三、方案四明確，亦令市民有較大的參與。

→ 在選舉團與全民普選兩種模式中尋找妥協。

2.4.2 此方案的缺點

2.4.2.1 有關提名委員會

→ 產生辦法不明確，難令人放心。

→ 組成的比例有待商榷。

→ 有一人一票選舉行政長官的成份，但並沒有清楚列出提名委員會如何產生。

→ 主要由當權派組成，當權者難免會設計一些對自己有利的方案。

→ 全權決定了誰當行政長官，這與委任無異。

2.4.2.2 有關提名程序

→ 方案內沒有提及投票程序的條文。

→ 提名方式接近大選舉團，但大選舉團有偏向性，其代表性不足夠，市民可能對三位候選人都不接受；假如三個候選人都得不到市民支持，直選就反而暴露了候選人的缺點，後果更壞。

→ 規定候選人只有三名是沒有根據的。

2.4.3 其他保留意見

→ 假如提名委員會之代表比例可增減，不妨採用此方案。

→ 假若提名團是一個均衡、具廣泛代表性的組合，相信最後獲得提名團通過接納的候選人將具備擔當行政長官重責的資歷和質素，並能得到廣大市民的支持。

→ 選舉的方式並不重要，挑選和甄別候選人的步驟才是最重要，能夠通過嚴格的甄選過程而獲得提名的候選人，相信無論在品格和才幹上都必然具有優秀的質素，必能承擔重任。

→ 提名委員會是否真的有代表性，是否以民主方法產生，均是未知之數。

→ 提名委員會直接或間接影響行政長官的產生，成員應來自社會各階層，這增加選舉效率及確立三權分立的民主體制，但各代表委員的分配及其身份的界定難於處理。

→ 在代表及人大政協委員的產生方法不明的原則下而給予該等代表提名行政長官的權力，令人憂慮。

3. 建議

3.1 刪除

→ 刪去人大代表及政協委員。

理由：

⊙ 香港的人大代表及政協委員不一定是香港永久性居民。

⊙ 他們不是香港政治架構的成員。

⊙ 行政長官的提名權仍由香港人負責，以便增加港人對未來行政長官的信心。

→ 刪去立法機關及區域組織成員。

理由：避免身份重疊，因立法機關成員或區域組織成員可能已是工商界、金融界、專業團體、勞工、基層及宗教團體的代表。

3.2 修改

3.2.1 行政長官的提名程序

→ 行政長官候選人須獲各界或社團若干（等額）提名人，由政治

協商議會審定接納後，方可成為行政長官候選人。提名人由下列等額的各界人士或團體出任：金融、工商業、專業、勞工、地區基層、公務員、教育、宗教等。

提名人為每界別三位，共二十四人。提名人數可諮詢各界人士意見後確定。

理由：

⊙ 符合資格的選民均可參選。

⊙ 在香港各界和階層人士中選出若干真正有管治香港才幹、能力和聲望的行政長官候選人。

→ 第（5）項提出的提名委員會成員產生辦法未臻理想，建議採用「38 人方案」提出的職業組別辦法。

→ 成立提名團，成員為立法會議全體成員；及香港區的人大代表和政協委員。行政首長候選人須得到上述兩類提名成員各八分之一的支持，然後經全民直接選舉，再由中央人民政府任命。

→ 由二百人組成「行政長官候選人委員會」推薦三至五名行政長官候選人。

委員會在行政長官選舉前六個月由各界別選舉產生，選舉方法由各有關界別自行決定以一人一票或一會一票產生。

→ 提名委員會人數有 640 人，十分之一的委員同意即可提名候選人，避免委員會之大多數壟斷整個選舉。

→ 提名團應該由眼光廣闊、意見中肯的精英人士組成。提名程序結束後，該候選名單應通過一個確認的過濾程序，最後再經由選舉或協商方式產生行政長官。

→ 每名行政長官候選人，須經過不少於五名提名委員聯同提名，每名提名委員只許提名一次。候選人人數超過三名時，須由全體提名委員投票表決，得票數最多之三名成為行政長官候選人，繼由整個特別行政區合格選民一人一票選出行政長官。

→ 候選人由五位立法議成員、十位區議員及市政局成員提名，被提名者由香港市民選出，然後交由中央人民政府批准。

→ 提名委員會的成員應可選擇委員會內任何一人作為候選人。

→ 行政長官提名委員會應協商後投票提名五人。

→ 提名委員的總人數約為一百人，由各界法定團體或永久性非法定團體以選舉產生，而人大、政協代表則可以選舉或協商產生。

3.3 增加

3.3.1 增加工商、金融及專業團體代表的比例

→ 提名委員會的組成比例改變如下：工商、金融界代表百分之三十；專業團體代表百分之三十；勞工、基層、宗教團體代表百分之三十；立法機關成員百分之二點五；區域組織成員百分之五；人大代表、政協委員百分之二點五。

理由：主體是三界代表，應佔百分之九十，平分天下，其餘百分之十由區域成員佔一半，另一半由立法機關成員和人大、政協代表平分。

3.3.2 增加基層代表的比例

→ 工商及專業界比基層人士所佔比率比其他界別多二至二倍，極不合理。建議工商及專業人士佔百分之四十，基層人士佔百分之四十。

建議將專業團體代表的比例由百分之二十五減為百分之二十，而將勞工、基層、宗教團體代表的比例，由百分之二十五增加為百分之三十。

3.3.3 增加立法機關成員的比例

→ 提名委員會的組成比例：

立法機關成員 50%

勞工、基層、宗教團體代表 15%

區域組織成員 15%

工商、金融界代表 10%

專業團體代表 10%

→ 行政長官產生的具體方法如下：由行政長官提名委員會（共230 人）推選行政長官候選人五名，經全港居民一人一票直接普選產生。

行政長官提名委員會組成如下：

立法會議成員（不少於 15%）

區域組織（不多於 15%）

功能團體（不多於 45%）（工商界、專業團體、勞工基層各佔15%）

人大政協香港區代表（不多於 5%）

→ 提名委員會的組成如下：

工商、金融界 20%

專業團體代表 20%

勞工、基層、宗教團體代表 20%

立法機關成員 20%

區域組織成員 15%

人大代表、政協委員 5%

→ 提名委員會的人數應增加有三分之一的名額為立法機關成員。

3.3.4 增加區域組織成員的比例

→ 將提名委員會之代表比例修改如下：

工商、金融團體 15%

專業團體 15%

勞工基層團體 25%

立法機關成員 10%

區域組織成員 30%

人大代表、政協委員 5%

→ 提名委員會比例：

工商、金融界 20%

專業團體代表 20%

勞工、基層、宗教團體代表 25%

立法機關成員 15%

區域組織成員 20%

→ 「行政長官提名委員會」組成的比例：

工商、金融界及專業團體代表 30%

勞工、基層、宗教及體育康樂團體代表 30%

立法機關成員 15%

區域組織成員 20%

人大代表、政協委員 5%

→ 工商、金融界代表的比例應減為少於百分之十八，將減去的比例加入區域組織成員或分區直選成員的比例中。

3.3.5 增加人大代表、政協委員的比例

→ 依照下列比例組成：

工商、金融界代表 25%

勞工、基層、宗教團體代表 25%

專業團體代表 20%

立法機關成員 12%

區域組織成員 8%

人大代表、政協委員 10%

3.3.6 加入漁農界別的代表

→ 「行政長官候選人推選委員會」成員包括：

工商、金融界 25%

專業團體 25%

勞工、漁農、基層、宗教團體 25%

各議會成員 20%

全國人大、政協香港代表 5%

3.4 其他建議

3.4.1 有關提名委員會

→ 提名委員會的委員可能是首長及各級議員，委員更易受控制。

→ 假如決定採用此方案，應更詳細研究提名委員會的成員比例。

→ 把「團體」改為「界」。

理由：

⊙ 如果只限於團體，則該界人士必須加入一個團體，才有選舉及被選舉權，其他不加入團體的該界人士，全被摒於局外。

⊙ 如改為界，則凡該界人士均有參與權，提名委員會之成員必須由各界選舉產生。

3.4.2 有關投票程序

→ 投票程序應以分區選舉進行，並以公正人士點票及監票，然後將各區結果合計，獲得總結果，以最高票數當選。

→ 投票應為不記名。

理由：以體現選民的自由意願。

3.4.3 與其他方案合併

→ 應以方案五為主體，並參考其他方案為副，以作補充。既可集中、西種民主形式，又能兼顧各階層之政治權利。

→ 基本法應寫明採用方案一選舉第二至三屆的行政長官，到最後才採用此方案。

4. 待澄清問題

→ 提名委員會的人數有多少？有沒有限額？

→ 提名委員會是否在行政長官選出後立即解散？

→ 所提名出來的行政長官候選人不受大多數港人接受又怎樣？

※

⑤ 1988 年 12 月 19 日《各個政制方案的演變》，載於《基本法的草擬與政制「主流方案」》

【P5-22】

（編者按：對十三個非官方方案的討論）

（1）190 人方案

		原方案 10/86、11/87	修改
行政長官	產生	由不少於十分之一的立法機關成員提名，經由全港性的普及而直接的選舉產生。	
	發展		
	任期	四年	
立法機關	產生	普及直選 ≧ 50% 功能團體選舉 ≦ 25% 區域組織選舉 ≦ 25%	

＊香港專上學生聯會之方案與 190 人方案同

（2）工商專業界諮委（89人）方案

		原方案（1）8/86（2）11/86（3）6/87（4）9/87（5）12/87（6）7/88	修　改（1）9/88（2）12/88
行政長官	產生	⊙ 由選舉團轄下的一個20人「提名委員會」提名3名候選人，交選舉團全體600人選舉產生。 ⊙ 選舉團的組成： a. 立法機關80人 b. 法定團體及永久性非法定團體50人 c. 市政局、區域市政局及區議會50人 d. 社會服務、慈善及體育團體60人 e. 專業人士60人 f. 勞工界60人 g. 工業界80人 h 商界50人 i. 金融界50人 j. 宗教／教育界30人 k. 公務員30人	（1）⊙ 採取以下其中一種方法提名行政長官候選人： a. 在「提名委員會」20位成員以外，增加最多10位立法機關成員進入「提名委員會」 b. 將立法機關一組別從大選舉團中撤除，然後將「提名委員會」一半席位給予立法機關成員。 ⊙ 選舉團組成的修改： 將法定團體及永久性非法定團體的席位取消，再將這50個席位中20個席位分予專業人士，20個席位予勞工界，10個席位予教育界。另外，將宗教界及教育界分為兩個界別。 （2）接納主流方案，但大選舉團應互選成員組成一個提名委員會，提名行政長官的候選人。

第七稿

行政長官	發展		（1）九七年後以大選舉團方式選舉行政長官。九七年後當立法機關選舉的投票人數達到具資格選民數目一半時，可經由一人一票方式選舉行政長官。但當第一次出現這項「引發點」時，需由立法機關三分之二成員通過及行政長官同意才可一人一票選舉行政長官。但若第一次「引發點」出現時未獲通過，在第二次出現「引發點」時，一人一票選舉行政長官的方法將自動實施。（當一人一票選舉實施時，香港亦應實施所有選民必須依法投票的做法。）（2）在第二屆進行全民投票決定行政長官是否由普選產生。但全民投票應明確規定最少有百分之五十合資格選民參加投票，其結果方可被接納。
	任期	最低四年	

（3）38 人方案

		原方案 6/87	修改 12/88
行政長官	產生	⊙ 行政長官由「行政長官候選人提名團」提名，經全民投票選舉產生。 ⊙ 提名團由 128 人組成，其中 96 人應由職業分組選舉產生。（三大類職業組別各位 32 席）；全國人民代表大會香港代表、全國政協香港委員互選佔 16 席；立法機關議員互選佔 16 席。 ⊙ 提名團提出行政長官候選人三名，交全民投票。	第一、二屆行政長官經由選舉委員會選舉產生。選舉委員會的成份按主流方案的規定組成，但各席位均須在各分組中經由民主選舉產生。
	發展		第二屆行政長官任內舉行全民投票，決定於第三屆或第五屆起行政長官改為經民主程序提名，由全港一人一票選舉產生。
	任期	四年	
立法機關	產生	地區選舉 1/3 職業分組 2/3（三大類職業組別平分席位）	普及直選 1/3 功能團體 2/3（三個分組的席位亦平均分配）

（4）香港政府華員會

		原方案 2/87	修改（1）3/12/88（2）6/12/88
行政長官	產生	由 500 至 600 人組成的選舉團產生一個 5 人提名團，再由提名團選出若干名候選人，交選舉團選出行政長官。	（1）同意主流方案。（2）選舉行政長官的程序必須民主。這包括兩個層面：a.選舉機構（推選委員會或選舉委員會）的成員盡量以民主方式產生。b.選舉機構選舉行政長官的程序必須民主。
	發展		（1）第二屆採用 89 人方案建議的引發點；或（2）第二屆進行全民投票決定第三屆行政長官是否以一人一票普選產生。如投票結果是否定者，則每兩屆進行一次全民投票。
	任期		五年

（5）香港大學畢業同學會

		原方案 10/86	修改（1）3/12/86（2）6/12/86
行政長官	產生	由本港立法機關全體成員和同等數目的中央委任之當地人士組成「提名團」，行政長官候選人須得到這兩類提名成員各 1/8 支持，然後經全民選舉產生。	（2）選舉行政長官的程序必須民主。這包括兩個層面。 a. 選舉機構（推選委員會或選舉委員會）的成員盡量以民主方式產生。 b. 選舉機構選舉行政長官的程序必須民主。
	發展		（1）第四屆才全民投票太遲 （2）第二屆進行全民投票決定第三屆的行政長官是否以一人一票普選產生。如投票結果是否定者，則每兩屆進行一次全民投票。
	任期		

（6）香港工會聯合會

		原方案 9/88	修改（1）3/12/88（2）6/12/88
行政長官	產生	第一、二屆—— ⊙ 由 300 人的「選舉委員會」選出。 ⊙ 「選舉委員會」的比例： 工商界、金融界代表 20% 專業界代表 20% 勞工界代表 15% 基層界別代表 10% 立法會議全體成員 20% 區議會、市政局、區域市政局代表 10% 香港區全國人大代表、政協委員代表 5% ⊙ 「選舉委員會」由香港特別行政區籌備委員會負責籌組。	（2）選舉行政長官的程序必須民主。這包括兩個層面： a.選舉機構（推選委員會或選舉委員會）的成員盡量以民主方式產生。 b.選舉機構選舉行政長官的程序必須民主。
		第三屆—— ⊙ 「選舉委員會」變成「香港特別行政區行政長官候選人提名委員會」，其產生方式與前者相同。行政長官候選人須有「提名委員會」的 10 名成員提名及委員會二分之一或以上成員的支持，其中獲票數最高者（不超過 5 人）成為候選人，然後經全港選民一人一票普選產生。	（1）第三屆按全民投票結果更改。

行政長官	發展		（1）第二屆進行全民投票決定行政長官是否以一人一票選舉產生。 （2）第二屆進行全民投票決定第三屆行政長官是否以一人一票普選產生。如投票結果是否定者，則每兩屆進行一次全民投票。
	任期	五年	五年

（7）港九勞工社團聯會

		原方案 9/88	修 改（1）6/12/88（2）16/12/88
行政長官	產生	看守政府—— ⊙ 由 200 人的推選委員會協商，推選委員會的成員，比例如下： 勞 工、公 務 員、宗 教、社 會 服 務團體20% 政見、慈善、鄉事、漁農、街坊小販團體20% 工商團體20% 專業團體20% 立法機構成員10% 區域組織成員6% 人大、政協代表4% 第一屆（於97年7月1日至98年6月30日內產生）及其後—— ⊙ 由立法會推選候選人三名，經全港市民一人一票選舉產生	（1）選舉行政長官的程序必須民主。這包括兩個層面： a.選舉機構（推選委員會或選舉委員會）的成員盡量以民主方式產生。 b.選舉機構選舉行政長官的程序必須民主。 （2） 第 一 屆（1997 至1999 年）—— ⊙ 同意主流方案。 ⊙ 原政界人士，人大代表佔推選委員會 25%，其比例： 立法局40% 人大代表10% 區議會、區域議會、市政局50% 其後——由六百人的選舉委員會推舉，委員會的組成： 工商金融界人士25% 專業人士25% 勞工、基層25% 立法會議10% 人大代表2.5% 各級區域組織議會成員12.5%

行政長官	發展		（1）第二屆進行全民投票決定第三屆的行政長官是否以一人一票普選產生。如投票結果是否定者，則每兩屆進行一次全民投票。
	任期		（2）第一屆——兩年 其後——四年
立法機關	產生	看守政府—— ⊙ 由推選委員會協商或選舉產生。 ⊙ 原香港立法局議員可作為候選人。 第一屆及以後—— 分區直選 40% 職業組別 60% 〔20% 勞工基層團體 20% 工商團體 20% 專業人士〕	（1）立法會內普選成員所佔的比例不遲於第三屆達到 50%。 （2）第一屆——由五十七人組成，比例： 地區性普選 1/3 工商、金融、專業 1/3 勞工、基層 1/3 第二屆——由六十八人組成，比例： 地區性普選 44% 工商、金融、專業 28% 勞工、基層 28% 第三屆——由七十六人組成，比例： 地區性普選 50% 工商、金融、專業 25% 勞工、基層 25%

(8) 新香港學會

		原方案	修改（1）3/12/88（2）6/12/88
行政長官	產生		（1）第一屆——主流方案內第一屆推選委員會的人數與第二屆的相差太大。 第三屆——按主流方案加入所有各級民選議員。 推選委員會內普選議員的比例應增至 33%。 （2）選舉行政長官的程序必須民主。這包括兩個層面。 a.選舉機構（推選委員會或選舉委員會）的成員盡量以民主方式產生。 b.選舉機構選舉行政長官的程序必須民主。
	發展		（1）第二屆進行全民投票，並應十年檢討一次。 （2）第二屆進行全民投票決定第三屆行政長官是否以一人一票普選產生。如投票的結果是否定者，則每兩屆進行一次全民投票。
	任期		

(9) 香港民主協會

		原方案 10/86	修改 12/88
行政長官	產生	⊙ 由 30 人組成的「行政長官提名委員會」提名三位候選人,交立法會以三分二多數票選出行政長官。 ⊙ 「行政長官提名委員會」的組成比例: 立法會成員 10 人 人大委員之香港區代表 10 人 市政局、區域市政局議員 2 人 鄉議局成員 1 人 區議會議員 5 人	贊同主流方案
	發展		贊同主流方案於第四屆進行全民投票以決定行政長官是否以一人一票選舉產生。但若投票結果決定不變,應由立法會每五年至十年檢討一次,以三分二多數票決定。
	任期		四年
立法機關	產生	分區直選 25 人 一般功能的混合選舉 24 人 特殊功能的直選或間選 26 人	贊同主流方案

（10）香港民

		原方案 8/85	修改（1）4/88（2）11/88
行政長官	產生	第一屆——另有規定。 第二、三屆——⊙由「顧問局」協商後提名一位非顧問的香港人，由中央政府同意後任命。 ⊙「顧問局」成員包括退休行政、立法局議員、退休工商財經人士、退休法律教育人士、退休各種專業人士和其他方面的有資望人士。	（1）第一屆——另有規定。 第二、三屆——由50至100人組成的「顧問團」協商產生。顧問人選由香港各界提名，經行政會議甄選，再由行政長官請中央批准後任命。 （2）第一屆——由港人及國內人士組成的籌備委員會籌組一個由不少於五十人的香港各界人士組成的顧問團，在當地協商產生。 第二至三屆——由顧問團選舉產生，報中央任命（顧問團成員不得成為候選人），任期五年，以後歷屆顧問團，由原有顧問團加上歷屆已卸任立法會議成員、行政會議成員、行政長官和曾經中央任命的主要官員等組成，最高人數不超過200人，如超過時以出任的先後依次退出，如有出任先後相同時，以年長者先行退出。

		原方案 9/88	修改
行政長官	發展	2010 年後——經「顧問局」協商後提名二至三個香港人由北京同意後交全體選民普選，得票多數者由中央任命。	（1）2010 年後——⊙ 候選人由「顧問團」協商提名三人，經中央同意後，交由「選舉團」（初為 250 人，可遞增至 500 人）選舉產生。 ⊙「選舉團」成員包括：歷屆立法會成員、歷屆行政會議成員、歷屆行政長官、歷屆主要官員。 （2）第四屆起—— 由顧問團提名候選人三名交全民投票。
	任期		（2）五年

（11）勵進會

		原方案 9/88	修改
行政長官	產生	開始—— 按徵求意見稿附件一方案一之「大選舉團」選出，但需作如下修改： （1）減少大選舉團的人數 （2）增加立法機關成員比例 （3）「提名委員會」擴大至 40 人，其中應有 15 人為立法機關成員。	
	發展	第三至五屆——全民普選	
	任期	四年	

（12）傑出青年協會

		原方案 9/88	修改
行政長官	產生	第一、二屆——由 500 人的選舉團選舉產生，選舉團成員包括：立法機關成員、各區域組織代表、各法定團體及永久性非法定團體代表和各類功能界別代表。第三屆——以普選產生。	
	發展	第三屆進行普選。	
	任期	四年	

（13）港人協會

		原方案 11/86	修改
行政長官	產生	由「選舉團」（420 — 560 人）選舉產生，其組成比例如下：工商界 30%—35%　基層 30%—35%　專業 15%—20%　地方議會 15%—20%	
	發展		
	任期		

※

⑥ 1989 年 1 月 4 日《「主流方案」與其他政制方案的比較》，載於《基本法的草擬與政制「主流方案」》

【P1-7】

（編者按：對主流方案的討論）

1.引言

1.1 最近起草委員會政制專題小組在廣州舉行會議，會上小組召集人之一的查良鏞委員提出了一個政制的協調方案，但由於港

人未能達成統一方案，故會議未有就每個方案逐一研究，改以一九九七年後香港特別行政區每屆政府為討論基礎，討論得出的結果接近查良鏞所提出的方案，會議稱之為「主流方案」。

1.2 廣州會議召開之前，為着促進各界的對話，基本法諮詢委員會政制專責小組的工作小組作出努力，在十月十四日提出三項建議原則：

（1）行政長官最初由一個有充份代表性的機構透過選舉產生。該機構包括由普選產生的立法局、兩個市政局及區議會的成員。

（2）其後，行政長官經漸進程序（如若干年度或靈活的引發點機制），由全港市民一人一票普及直接選舉產生。

（3）立法機關最初由混合選舉產生，用漸進方式朝向有更多普選成份的選舉模式發展。

1.3 雖然工作小組提出這三項建議原則的目的，是希望讓不同方案人士在商討政制方案時，有共同的起步點，但結果卻未能因此而帶來一個獲各界接受的協調方案。

1.4 基於尋求協調的需要日見迫切，工作小組遂於十一月十二日邀請了各政制方案的倡議團體的代表舉行會議（該會議被外界稱為「武林大會」）。會上雖然未能達致一個共同接受的方案，亦未對具體政制方案問題有一致的見解，但卻取得了五點共識：

（1）這種形式的對話非常可取，希望爭取以後有機會多作商討、交換意見，不應採取對抗性、排斥性的態度，應該互相協調，尋求共識。

（2）候任特別行政區行政長官應通過選舉產生，報中央人民政府任命。

（3）特別行政區行政長官的選舉應以民主的方式進行。

（4）應採取充份民主的提名程序，提名行政長官候選人參選。

（5）最初的立法會議以混合選舉方式產生，向着充份民主的選舉方式發展。

1.5 香港各界未能達致協調方案的原因，大抵是因為各方案倡議人不能就下述問題獲得共同的見解：

（1）未來特別行政區政制的起步點為何？應以哪種選舉方式開始？

（2）政制發展的步伐緩急應如何確定？應由立法機關決定抑或以投票率決定？

（3）最終的民主政制應是怎樣的呢？行政長官應如何產生？立法機關是否全部由直選產生？

1.6 關於如何選出候任行政長官，一種意見認為由第一屆開始，即以一人一票的直接選舉方式選出候任行政長官。另一種意見則認為用間接選舉方式選出候任行政長官。贊成後一種意見的，亦有不同的見解，有的認為負責選舉行政長官的組織，最少有百分之二十五的成員由普選產生；有的則認為最少有三分之一成員由普選產生；有的更認為應有百分之七十五成員普選產生；雖然這些見解均同意最後應發展至一人一票普選成份的選舉模式發展。

1.7 可見，對於如何發展至一人一票普選產生行政長官，也有爭論，有意見認為應以固定的時間表進行（這涉及不同的時間建議，但都希望在二屆至五屆的範圍內實現由間接選舉過渡至直接選舉）；另有意見則認為應以某種靈活的機制（例如引發點，或綜合性的引發點）進行。

1.8 關於立法會議的產生辦法，出席「武林大會」的團體代表，對應以怎樣的直接選舉比例開始混合選舉的問題，有不同的意見。有意見認為直接選舉比例最低為不超過百分之二十五，另有意見認為最高為不少於百分之五十，其他的意見則介乎其間。

1.9 廣州會議召開之後，草委政制專題小組通過了主流方案，有些人抨擊其超越各方案的範圍，比「最保守的方案還要保守」；有些人則認為此方案是以各方案的內容為基礎，是「中間落墨」的協調方案。

2. 第一屆行政長官間選機構中的普選成份

2.1 除 190 人方案堅持行政長官應該從第一屆開始便普選產生外，其他方案均贊成第一屆行政長官由間選產生。但在這負責間選行政長官的機構中應有多少普選的成份，則各方案有不同意見。例如有些方案建議須有 25% 普選成份，亦有方案主張要有高至 75% 的普選成份。有些方案如 38 人方案提議，第一屆行政長官候選人由提名團提名，交中央人民政府從中選定任命。另外一些方案如 89 人方案、傑出青年協會及勵進會等則建議用選舉團選出行政長官；而勞聯、工聯會等則主張以推選委員會形式舉行。（見圖二）

2.2 主流方案主張以選舉委員會選出行政長官，而選舉委員會中

應有 25% 普選成份，其餘成員 25% 由工商、金融界；25% 由專業界；25% 由勞工、社會服務及宗教等界別分別選出。

2.3 將主流方案與其他方案在這問題（間選行政長官的機構中的普選成份）上作一比較，便可以看見主流方案所提出的，是落在各方案之中，並沒有超出其範圍。（見圖一及圖二）

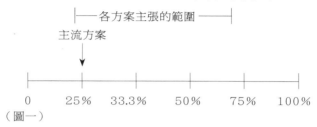

（圖一）

間選機構 方案	選舉團	提名團	推選委員會	選舉委員會
38 人		✓		
89 人	✓			
大學畢業 同學會		✓		
勞聯			✓	
工聯				✓
傑青	✓			
華員會	✓			
勵進會	✓			
港人協會	✓			
主流方案	✓			

（圖二）間選第一屆行政長官的機構之各種提議

3. 行政長官過渡至普選的機制及時限

3.1 190 人方案主張行政長官應該從第一屆開始便由普選產生。至於其他方案，則主要用一些機制，例如時間表、引發點等以決定由普選過渡至直選行政長官（圖三）。

3.2 38 人方案建議由第二屆開始，每一任行政長官的候選人提名團在上一任行政長官任期的第二年內選舉產生，並提出行政長官候選人名單，然後全民投票選舉產生行政長官，由中央人民政府

任命。

3.3 大學畢業同學會則反對以選舉團形式推選行政長官，建議成立提名團（包括立法會全體成員及香港區人大和政協代表），行政長官候選人須得到上述兩類提名成員各八分之一的支持，然後經全民直接選舉，再由中央人民政府任命。

3.4 工聯會建議從第三屆開始，負責選舉第一、二屆行政長官的「選舉委員會」將變為「行政長官候選人提名委員會」。行政長官候選人須有提名委員會的十名成員提名，二分之一或以上成員的支持，其中獲票數最高者（不超過五人）成為候選人，然後經全港選民一人一票普選產生，報請中央人民政府任命。

3.5 89 人方案則建議用引發點為機制，以決定何時採取普選形式產生行政長官。當立法機關選舉投票人數達到具資格選民數目一半時，便可改由一人一票方式選舉行政長官。但這引發點第一次出現時，仍須由立法局三分之二成員及行政長官的同意，才可推行直選下屆行政長官；倘若不獲立法局成員及行政長官的同意，則須等待引發點第二次出現。當第二次引發點出現後，一人一票選舉行政長官的方式，將自動實施。故此，在圖三中，89 人方案是位於以引發為機制，從第二屆始至無固定時限的方格中，即直選行政長官可在第一屆以後任何一屆實施（只要能出現引發點及得到立法會及行政長官同意）。

3.6 勵進會則主張根據香港的實際情況和循序漸進的原則予以變更，在第三屆至第五屆達到全民普選行政長官的目的。惟從間選轉為普選行政長官的決定須經立法會議三分之二成員多數通過，行政長官同意，並報全國人大常委會批准。

3.7 華員會及港人協會均主張一路沿用選舉團產生行政長官的方式，並沒有提出如何過渡至普選行政長官的機制，所以不列在圖三中。

3.8 主流方案主張用全民表決為機制，在第三屆行政長官任內舉行，以決定是否從下屆開始用普選產生行政長官。倘若全民表決的結果是否定的話，則要隔十年後再舉行一次全民表決，直至表決結果顯示港人同意以普選方式產生行政長官。

機制＼方案＼屆別	第一屆	第二屆	第三屆	第四屆	第五屆	無時限
時間表		38人大學畢業同學會	勵進會			
	190人	勞聯	傑青 工聯			
引發點		89人				
全民表決		主流方案				

（圖三）各方案建議過渡至普選行政長官的機制及時限

註：以時間表為機制的方案在圖中所示的屆別為實行普選的時間；而以引發點及全民表決為機制者，則圖中所示的屆別為引用該機制的時間，而非實行普選的時間。倘若該機制所顯示的結果是贊成實行普選的話，則在引用機制（或出現機制）的下一屆便實行普選。倘若結果是否定的話，主流方案主張當下一次引用機制的結果是肯定時，才在下一屆實行普選，而89人方案則建議第二次機制一出現便可自動實施普選。

3.9 從圖三所示，各方案（除190人方案外）均接受從第二屆至第五屆內實行普選；89人方案及主流方案雖沒有最後須實行普選的期限，但前者不排除在第三屆至第五屆內可以實行普選的可能性（這全賴引發點何時出現）；而後者也沒有排除可在第四屆開始便實行普選行政長官的可能性。

3.10 故此，既然大部份方案所提議實行普選行政長官的時間範圍為第二屆至第五屆，而主流方案的建議以第四屆為起點，所以是沒有超出各方案的範圍的，只可說是傾向於保守而已。

4. 第一屆立法機關的普選成份

綜觀各個方案的主張，第一屆立法機關的普選成份從25%至不少於50%。主流方案所建議的普選成份則是27%，可見是位於方案的範圍以內（圖四）。

普選成員比例　　方案	25%	27%	30%	33.3%	40%	≥50%
89 人	✓					
工聯會				✓		
主流方案		✓				
港人協會			✓			
華員會			✓			
傑青				✓		
38 人				✓		
勵進會				✓		
勞聯					✓	
大學畢業同學會					✓	
190 人						✓

（圖四）第一屆立法機關的普選成份

5. 第二屆立法機關的普選成份

大部份方案均有建議立法機關普選成份逐漸增加的比例，而主流方案亦主張從第一屆的 27% 增加至第二屆 38.5%、第三屆則有 50% 普選產生的立法機關成員。就第二屆而言，各方案的建議從 25% 至 60% 不等，而主流方案的建議則位於其中：38.5%（見圖五）。

普選成員比例 方案	25%	30%	33.3%	38.5%	40%	≥50%	60%
89 人	✓						
華員會		✓					
港人協會		✓					
傑青			✓				
勵進會			✓				
38 人			✓				
主流方案				✓			
工聯					✓		
勞聯					✓		
190 人						✓	
大學畢業同學會							✓

（圖五）第二屆立法機關的普選成份

6. 結語

6.1 根據本文對各方案與主流方案的分析和比較看來，主流方案是融合了大部份方案的特點和精神而成的。各方案共同的特點，就是採取循序漸進的方式，朝着民主的方向逐步發展政制；而其最終精神則是為香港帶來一個真正民主開放的政治制度。主流方案的建議亦正以上述兩點的考慮為基礎。

6.2 主流方案的各項建議是按「武林大會」中所達成的幾點共識而制定的：行政長官將由選舉產生，由中央人民政府任命；選舉行政長官的方式是民主的，是由一個具有廣泛代表性的選舉委員會負責，而且將由人民決定是否從第四屆開始實行普選；行政長官候選人須得到不少於一百名選舉委員會委員的支持才可被提名，這提名程序有充份民主成份；而立法會議最初是由混合選舉產生，逐漸增加普選成員的比例，向着充份民主的選舉方式發展，最後亦交由港人自己決定是否從第五屆開始便用普選方式選出全體立法會議成員。

第七稿

6.3 各方案雖然擁有共同的特點和精神，但對於邁向民主的步伐的速度，卻有緩急不一的主張。在這方面，主流方案是主張採取穩健的發展步伐，逐步的邁向民主（圖六）。

（圖六）

※

⑦《基本法工商專業界諮委對「主流方案」的意見書》，載於《基本法的草擬與政制「主流方案」》

【P2】

（1）我們接納用全面投票的方法決定第三屆或以後的政制發展，但全民投票應明確規定最少有百分之五十合資格選民參加投票，方可接納其結果。

（2）決定行政長官是否由普選產生的全民投票，應在第二屆內進行。

（3）大選舉團應互選一個提名委員會，提名行政長官的候選人。

※

⑧《38人方案對草委會政制小組的「主流方案」的修改建議》，載於《基本法的草擬與政制「主流方案」》

【P1】

A. 第一、二屆行政長官經由推選委員會選舉產生。選舉委員會的成份按「主流方案」中所規定者組成，但各席位均須在各分組中經由民主選舉產生。

C.第二屆行政長官任內，舉行全體選民投票，決定於第三屆或第五屆起，行政長官改為經民主程序提名，由全港一人一票選舉產生。

※

⑨《香港政府華員會對主流方案的意見（摘自八八年十一月二十六日明報）》，載於《基本法的草擬與政制「主流方案」》

【P2】

華員會副會長黃河表示，基本法草委會政制小組提出的主流方案，關於行政長官產生的方法，基本上符合了華員會的希望，即政制發展循序漸進，最重要的，是須顧及公務員架構的穩定性。

黃河昨日接受本報訪問時指出，華員會並無定下普選產生行政長官的時間表，他個人覺得主流方案首兩屆行政長官的產生方法，與華員會的原意相當接近。

他初步認為，主流方案並不會構成行政和立法機關不能協調的問題，因為產生行政長官的選舉委員會是由社會各界選出的，立法會成員也是由社會人士選出，故此行政長官雖然不是由立法機關產生，但其代表性應可獲後者確立，不會出現政府法案不獲立法機關通過的情況。

不過，他認為第三屆後才決定是否普選行政長官，時間拖得太久，而且採取全體選民投票的方式作決定亦有點架床疊屋。他個人傾向於第二屆後採取八十九人方案的引發點機制，決定是否以普選方式產生行政長官。

黃河並強調，若以普選產生行政長官，也應經過提名委員會的程序，以確保可以選出有能力的候選人，因為行政長官最重要的是其行政能力而非代表性。

※

⑩大學畢業同學會對「主流方案」發表的聲明，載於《基本法的草擬與政制「主流方案」》

【P1】
大學畢業同學會對基本法草委政制小組通過的「主流方案」發表以下聲明

（四）關於行政長官的產生辦法，「主流方案」提出要在第四屆始能實行普選，速度太慢。本會雖然贊成循序漸進的原則，但對這方案的保守程度，仍難以接受。

※

⑪《香港工會聯合會基本法關注小組對草委專題小組廣州會議修改〈基本法（草案）徵求意見稿〉的意見》，載於《基本法的草擬與政制「主流方案」》

【P1-2】
2.在行政長官產生的時間上。本會意見是第三屆全民普選產生行政長官，而主流方案是在第三屆舉行全體選民投票，以決定第四屆行政長官是否由一人一票普選產生。我們認為，若以此方案，普選時間較本會所主張的為遲。因此，如認為需要有一個機制來決定何時普選行政長官，則全民投票是較民主的方法，而全民投票的時間應在第二屆進行為好。

※

⑫ 張家敏《對草委政制主流方案的建議》，載於《基本法的草擬與政制「主流方案」》

【P1-4】
須改變首屆行政長官產生的方法
在產生行政長官方面，主流方案強調首屆行政長官由一個只有四百人的推舉委員會以「協商，或協商後提名選舉」產生，本人

對此有強烈的保留，主要原因如下：

（一）推舉委員會人數太少，與第二屆人數相差一倍，有些草委更指出這委員會的產生有點類比諮委會，這樣麻煩就更大了，因為很多人都對諮委會的組成，主任及執委的產生過程失卻信心，認為中央的干預太大，現時推舉委員會人數較少，又是首屆選舉，實令人擔心過往不快的情況將會重演。

（二）這方法十分強調「協商」，究竟什麼是協商相信港人到現時還不完全清楚；據本人的理解，協商的特點及與民主的主要分別乃在於不以大多數決定的投票方法來議決事務，而是希望各方面的人士能互相遷就以互諒互讓精神以達到一個彼此皆可接受的建議。

據本人的經驗，這協商方式可以對一些可以數量化的事情如金錢交易或各方面皆可以讓步的問題上起良好作用，然而卻對一些非黑即白的決定卻毫無用處，選舉行政長官就是一個十分好的例子，行政長官只得一個，試問怎可以使某些候選人退出，他們的退出或讓步根本不能為他們帶來任何利益，因為退出者將完全失去作為行政長官的種種權利，這從根本上實是違反了協商的「互諒互讓」精神。再者，假若各候選人及其於選舉委員會內的支持者皆堅持不退讓時，試問又有什麼方法使他們「互諒互讓」呢？從以往例子分析，要迫使某人在這些非黑即白的協商中讓步，倚靠的不外是一個更高的權威者，以其權力迫使某方讓步，所以說穿了，協商的背後實質根本是開明、諒解及理性的「獨裁」，究竟九六年時這獨裁者的角色由誰來扮演，相信除中方政府以外根本無更適合人選，這不是更加打擊市民的信心嗎。

（三）香港各支持不同政制的方案者皆不約而同地反對協商，然而現在協商的方法再度出現，這實對市民發表對基本法的意見及協調努力產生一反面的效果。

選舉委員會中應包括所有各級議員

主流方案指出行政長官起初幾屆應由間選產生，本人首先認為間選行政長官並不一定不民主，這需視乎選舉委員會成員的產生方法及代表性，以及選舉行政長官的程序，例如美國的總統及英國的首相皆由間選產生，然而由於在選出選舉人（美國）及國會議員（英國）方面的選舉方法十分民主，所以，我們皆會視英美的政制為民主的典範。就行政長官選舉委員會來說，假若它能加入

所有各級民選議員，則除了增加委員會之民主形象外，還有下列幾點具體好處：

（一）增加行政長官的權威性，使它更受市民、尤其是立法機關成員的尊重，從而有利行政機關政令的推行；

（二）增加區議員參與社會事務的積極性，現時香港推行的區議會及兩個市政局間選議員入立法局的制度將於九一年取消，客觀來說，這不能不說是對議員們參與中央事務的一次打擊，若將來能包括他們入行政長官選舉委員會，將可增加議員們的重要性，並能增加其參與社會事務的積極性；

（三）這樣的安排最大的益處是減少各區域組織內的權力鬥爭，假若每個區域組織（區議會及兩個市政局）只能選出三個代表加入選舉委員會，則必然導致區域組織內的不同派系爭相競逐，務求推選代表自己勢力的人士加入選舉委員會，從過往區議會間選經驗得知，這種小圈子的選舉模式在開始時很容易出現意氣之爭、感情用事及利益交換的局面，從而影響此等組織的健康發展。

此外，當政治漸趨成熟時，隨着政黨的出現，各有意問鼎行政長官的人士則十分自然地千方百計企圖控制區域組織（正如美國總統候選人希望控制各州的選舉人一樣）。主要方法是鼓勵自己的支持者參與區域組織選舉，並設法幫助他們成為區域組織內的多數派，因為只有這樣才可保證其支持者能通過區域組織的間選加入行政長官選舉委員會中，這樣的結果將會使區議會的選舉更趨劇烈，各派皆會為控制議會的大多數而進行十分激烈的競爭，相信這情況的出現對政治穩定並無好處。

選舉委員會中除應包括所有各級普選議員外，普選議員佔整個選舉委員會的比例應增加。在現時主流方案中，首屆行政長官的間選機構中，普選成份只佔百分之二十五，而「政制協調大會」則認為普選成份應由百分之二十五至七十五，可以說，主流方案只是踏進協調圈的最保守邊緣。此外，我們還不能忘記，主流方案的百分之二十五普選成份中還包括了香港地區的人大代表，在現時不太肯定人大代表在香港是怎樣產生的情況下，我們根本可以說主流方案根本是超出本港協調的範圍。

行政長官的普選必須是真實的普選

就選舉委員會中最後一個建議，就是其普選成份比例應像立法機

關一樣隨着時間逐漸增加，例如第一屆選舉委員會的普選成份為百分之三十三時，第二屆應上升為更高的比例。

現時有報導指出，即使第四屆的行政長官經由市民普選產生，但候選人仍需得到提名委員會提名。而提名委員會的提名程序及組成卻還未清楚，假若提名委員會的組成人數太少，而候選人需經整個提名委員會先推舉出來而再經市民普選的話，則我可批評說這並非一個真正的普選，因為經提名委員會產生的候選人有可能基本是同一鼻孔出氣，市民根本缺乏了真正選擇的權利，普選行政長官也沒有實際意義了。

假若草委認為採納提名團的目的並非是控制候選人的政治取向，而只是希望不致有太多人參與競選的話，他們其實應考慮一九零人方案的建議，就是有意角逐的人只需得到十分之一的立法機關成員提名，便能自動成為行政長官候選人。然而假若草委認為一定要有提名委員會的話，本人則認為這個提名委員會的構成應和行政長官選舉委員會一樣，有較多的人數及具有充份的代表性；而在提名程序方面，有意問鼎者只需得到提名團人數的某一百分比（如百分之十或二十）提名，便得以自動成為行政長官候選人，這樣的安排一方面可以限制出來競選行政長官的人數，以避免選舉過於複雜，而另一方面亦照顧到真正普選的原則。市民有真正的選擇，而不是只有權支持經整個提名團或立法會事先認可的候選人。

第二屆行政長官任內應進行全民投票

在政制檢討方面，主流方案指出首三屆行政長官是由間選產生的，而在第三屆行政長官任內，進行全體選民投票，以決定將來的行政長官是否應由普選產生，及立法機關內普選成份是否應作較大幅的增加。本人雖然同意在過渡期間政制宜穩定，而當時的特區政府亦有很多有關交接及迫切工作進行，然而，正如絕大多數的評論指出，十五年的時間實在是太長了。故此，本人同意應在特區成立十年後，亦即第二屆行政長官的任期內進行全民投票，以決定政制發展的方向。

然而，在另方面，本人則較傾向同意全民投票應在十年才舉行一次，這樣做不是保守，而是考慮到社會的實況，因為假若較經常的進行全民投票決定政制的發展，則一定會給當時的政府十分龐

大的壓力，並會使他們不敢作較長遠的規劃；而在投資者方面，亦面臨同樣的不確定因素，相信這點對香港經濟的發展及社會建設是不利的。

※

⑬ 香港民主協會對基本法（草案）徵求意見稿的意見，載於《基本法的草擬與政制「主流方案」》

【P1】

（二）有關附件（一）香港特別行政區行政長官產生辦法的修改，除第八項下段有關行政長官的產生辦法應改為「如投票決定不變應由立法會每五年至十年進行檢討，其時間及方式由立法會以三分之二多數決定。」其餘原則上合理。

※

⑭《傑出青年協會意見書（附件一、二、三的建議）》，載於《基本法的草擬與政制「主流方案」》

【P1】

附件一：香港特別行政區行政長官的產生辦法：

I 原則：

（一）以平穩過渡為原則，需要保持社會的穩定；

（二）行政長官的產生方法要盡量避免受個別利益團體或政治組織的操縱；

（三）要保證行政長官得到社會各界的廣泛支持並有充份的權威性；

（四）要使行政長官和立法會議能夠互相配合和制衡。

II 建議：

（一）行政長官通過一個有廣泛代表性的選舉團選舉產生。

（二）選舉團由香港各界人士代表組成，其成員包括：立法機關的成員、各區域組織的代表、各法定團體和永久性非法定團體的

代表、各類功能界別的代表，共約五百人。
（三）在第三屆推行以普選產生行政長官的辦法。

※

⑮查濟民《對香港特別行政區政治體制方案的修改建議》，載於《基本法的草擬與政制「主流方案」》

【P1】

第一屆政府

1.在一九九七年前由中央設立包括港人及國內人士的籌備委員會，再由籌備委員會委任一個不少於五十人的香港各界人士，組織顧問團，在當地協商產生行政長官，報中央任命。任期五年。

第一屆政府以後行政長官、立法會議產生辦法如下：

一、行政長官

由顧問團選舉產生，報中央任命（顧問團成員不得成為候選人）。任期五年，以後歷屆顧問團，由原有顧問團加上歷屆已卸任立法會議成員、行政會議成員、行政長官和曾經中央任命的主要官員等組成，最高人數不超過 200 人，如超過時以出任的先後依次退出，如有出任先後相同時，以年長者先行退出。

第四屆起行政長官的產生，由顧問團提名候選人三名交全民投票產生後請中央任命。任期五年。

※

⑯《港九勞工社團聯會對主流方案的一些修改意見》，載於《基本法的草擬與政制「主流方案」》

【P1】

第一屆 行政長官 二年（1997 至 1999）

推選委員會 400 人（推舉）

工商、金融界人士	100 人	25%
專業人士	100 人	25%

勞工、基層　　　　　　　100人　25%

原政界人士、人大代表　　100人　25%

（比例：立法局40%，人大代表10%，區議會、區域議會、市政局50%）

原則：（一）推選委員會由特區籌委會負責籌組，全部由香港人組成。

（二）推選委員會或選舉委員會的成員，盡量以民主方式產生。

（三）選舉機構選舉行政長官的程序必須民主。

（四）首屆行政長官任期兩年，我們認為第一屆政府應為「看守政府」。但同意其後的任期為四年。

第二屆　行政長官　四年（1999至2003）

選舉委員會600人（推舉）

工商、金融界人士　　　　150人　25%

專業人士　　　　　　　　150人　25%

勞工、基層　　　　　　　150人　25%

立法會議　　　　　　　　60人　10%

人大代表　　　　　　　　15人　2.5%

各級區域組織議會成員　　75人　12.5%

原則：（一）選舉委員會由各界別經民主程序產生。

（二）在此階段進行一次全體選民投票，以簡單多數決定下屆意向。

（三）如果投票結果否定普選，則每兩屆進行一次全民投票。

※

⑰ 1989年2月《中華人民共和國香港特別行政區基本法（草案）》

【P28-29】

〔編者按：以前述基本法（草案）草稿為基礎，所歸納成的一個方案。〕

附件一 香港特別行政區行政長官的產生辦法

一、行政長官由一個具有廣泛代表性的選舉委員會選出，由中央

人民政府任命。

二、選舉委員會共 800 人，由下列各界人士組成：

工商、金融界　　　　　　　　200 人

專業界　　　　　　　　　　　200 人

勞工、社會服務、宗教等界　　200 人

立法會議員、區域組織議員代表、香港地區全國人大代表、香港地區全國政協委員的代表　200 人

三、各個界別的劃分，以及每個界別中何種組織可產生選舉委員的名額，由香港特別行政區以選舉法規定。

各界別法定團體根據選舉法規定的分配名額和選舉辦法，選出選舉委員會委員。

選舉委員以個人身份投票。

四、不少於一百名的選舉委員可聯合提名行政長官候選人。每名委員只可提出一名候選人。

五、選舉委員會根據提名的名單，經一人一票無記名投票選出行政長官候任人。具體選舉辦法由選舉法規定。

六、選舉委員會於中央人民政府任命行政長官後解散。

七、第一任行政長官按照《全國人民代表大會關於香港特別行政區第一屆政府和立法會產生辦法的決定》產生。

第二、第三任行政長官按本附件規定的辦法產生。

在第三任行政長官任內，立法會可擬定具體辦法，通過香港特別行政區全體選民投票，以決定是否由一個有廣泛代表性的提名委員會按民主程序提名後，普選產生行政長官。投票結果報全國人民代表大會常務委員會備案。

上述全體選民投票的舉行，必須獲得立法會議員多數通過，徵得行政長官同意和全國人民代表大會常務委員會的批准方可進行。

投票結果，必須有百分之三十以上的合法選民的贊成，方為有效，付諸實施。

八、如上述投票決定行政長官由普選產生，從第四任起實施；如投票決定不變，每隔十年可按第七項的規定再舉行一次全體選民投票。

九、除本附件第七、八項已有規定者外，行政長官的產生辦法如需進行其他的修改，可經立法會全體議員三分之二多數通過，行政長官同意，並報全國人民代表大會常務委員會備案。

第七稿定稿

「第四十五條　香港特別行政區行政長官在當地通過選舉或協商產生，由中央人民政府任命。

行政長官的產生辦法根據香港特別行政區的實際情況和循序漸進的原則而規定，最終達至普選產生的目標。

行政長官產生的具體辦法由附件一《香港特別行政區行政長官的產生辦法》規定。」

〔1989 年 2 月《中華人民共和國香港特別行政區基本法（草案）》〕

階段重點

· **基本方案方向形成**
· **對方案所產生的一些技術運作問題進行了討論，包括行政長官和立法會關係、提名程序等等**

條文的演進和發展

① 1989 年 4 月 26 日《十團體聯席會議對基本法政治體制部份的意見（撮）》

* 行政長官當選票數標準
在推選委員會或選舉委員會中經選舉當選的行政長官，必須獲得推選委員會或選舉委員會過半數的贊成票，方為有效。
* 行政長官選舉中的提名問題
目前有關的條文中，委員會內的開放的提名，已經為各類人士提供了足夠的獲提名機會。
若一旦出現「提名危機」時，選舉委員會的原有執行委員會可以承擔提名候選人的責任。
* 行政長官的聯署提名人的數目
1.應由百分之十的成員聯署提名即可（即首屆的 400 人中的 40 人，第二屆的 800 人中的 80 人），
2.應由十六分之一的成員聯署提名即可（即首屆的 400 人中的 25 人，第二屆的 800 人中的 50 人）。

※

② 1989 年 8 月 18 日《第二次諮詢期政制專責小組第四次會議會議紀要》

【P1】
1.行政長官在立法會內獲得施政上必需的支持的方法

1.1 產生上的安排

1.1.1 行政長官唯有由立法會產生，才可保證其獲得立法會完全的支持。

1.1.2 只要兩者的產生途徑不同，支持便不會是必然的。

※

③ 1989 年 9 月 22 日《第二次諮詢期政制專責小組第六次會議會議紀要》

4. 行政長官的提名：

4.2 有委員認為如沒有提名委員會，則難以控制被提名者的質與量，而且亦會構成行政上的不便，何況，美國總統和英國首相的選舉，亦有類似的提名過程，可見此制度亦非一定不民主。

※

④《香港工會聯合會暨八十一間屬會就基本法（草案）政制部份的修訂意見》（1989 年 10 月 27 日理事會通過）

【P3】

二、行政長官的產生方法

2. 第三屆及以後行政長官的產生方法

自第三屆開始，「選舉委員會」將變成「香港特別行政區行政長官候選人提名委員會」。此「提名委員會」的產生方式與前者相同。行政長官候選人須有「提名委員會」的十名成員提名，並得委員會二分之一或以上成員的支持，其中獲票數最高者（不超過五人）成為候選人，然後經全港選民一人一票普選產生，報請中央人民政府任命。

每屆行政長官的任期均為五年。

※

⑤《基本法諮詢委員會政制專責小組對基本法（草案）第四章、附件一、附件二及附錄的意見匯編》，載於 1989 年 11 月基本法諮詢委員會《中華人民共和國香港特別行政區基本法（草案）諮詢報告第一冊》

【P91-92】

1. 專題討論

1.1 行政長官和立法會的產生

1.1.1 設計政制方案時要考慮的原則

1.1.1.1 有委員認為，政制發展步伐寧穩勿亂，這是因為：

（1）要保持繁榮安定；而太多、太頻密的政制變更或檢討都會引致社會不安。

（2）原來政治制度運作良好，應在此基礎上發展。

（3）進入特別行政區紀元後，應有十五至二十年政制不變的穩定期，以便在已有基礎上發展，及學習港人治港。

1.1.1.2 有委員認為，政制的設計應照顧到港人意願。根據近日一些民意調查顯示，市民希望加快民主進程。基本法若不符合市民意願，日後則必然有爭取修改基本法的活動，削減基本法應有的穩定人心作用。

1.1.1.3 有委員認為，政制的設計應能容許各方的參與，及和衷合作；避免只有某一方面掌權，其他派別受制於前者之下。亦不能有幾派人輪流執政的情況出現，以免政策變更過於頻繁。

1.1.1.4 有委員認為，政制設計應能保護資本主義社會，不能利於社會主義制度的產生。

1.1.1.5 有委員認為，保全「一國兩制」、真正的「港人治港」是應有的原則。

1.1.2 對政制設計的具體建議

1.1.2.1 有委員建議，設計政制方案時，要參考各方案，以取長補短。

1.1.2.2 有委員認為，在參考的過程中，要留意避免斷章取義。

1.1.2.3 有委員認為，在量方面，支持二零零三年以直選產生行政長官的方案可能較多，但懷疑港人是否真正願意等到二零零三年才能直接選舉行政長官。

1.1.2.4 有委員認為，行政長官候選人的提名必須開放，以符合民

主精神。

1.1.2.5 有委員認為，一個不公開的提名方法，可破壞整個選舉。

1.1.2.6 有委員認為，如沒有提名委員會，則難以控制被提名者的質與量，而且亦會構成行政上的不便。何況，美國總統和英國首相的選舉，亦有類似的提名過程，可見此制度亦非一定不民主。

1.1.2.7 有委員建議限制行政長官候選人的提名。因為現時香港仍未有成熟的政黨出現，過於開放的提名會帶來危險。

1.1.3 對個別政制方案的討論

1.1.3.1 有關五五方案

1.1.3.1.1 有委員認為，此方案較為符合港人意願，因為

（1）當中建議的九七年立法會直選比例佔一半或以上；

（2）此方案以時間表形式明確顯示立法會所有議席、和行政長官普選的日期；

（3）建議中的行政長官最終的產生方式，是經開放式提名，然後普選。

1.1.3.1.2 有委員認為，民意不一定可以接受在二零零三年，而非在第一屆普選行政長官。

1.1.3.2 有關三十八人方案

1.1.3.2.1 有委員認為，功能團體選舉有其明顯缺點：它只容許少數人參與。而三十八人方案所倡議的職業組別選舉，則賦予所有合資格選民有投票的權利。而且，在職業組別選舉所產生的議席當中，基層佔的比例有三分之一。這個比例，較之很多其他選舉形式所容許產生的基層比例為高。功能團體有其重要性，而三十八人方案的建議可克服其缺點，可使功能團體選舉較長期保留。

1.1.3.2.2 至於行政長官的提名團，在三十八人方案的建議中，有四分之三成員是由一人一票的職業組別選舉所產生，故其組成方法亦較民主。

1.1.3.3 有關一會兩局方案

1.1.3.3.1 有委員認為，這方案的設計背離了《基本法（草案）》第六十七條：「最終達至全部議員由普選產生」的原則；亦不符合港人意願。

1.1.3.3.2 有委員認為，只要是符合港人意願，任何基本法的條文都可作適當修改。

1.1.3.3.3 有委員認為，此方案有利於長期穩定、能照顧各界利益，其建議的政制發展平穩中亦有進展。

1.1.3.3.4 有委員支持一會兩局方案及建議在其「功能組別」中加入小商販一席位。

1.1.3.4 有關四四二方案

1.1.3.4.1 有委員認為，此方案以循序漸進的步伐引入更多民主。而更民主的立法會能更有效監察行政機關。

1.1.3.4.2 有委員認為，這方案能維持資本主義制度。

1.1.3.4.3 有委員認為，這方案是各方協調的後果，所以是最能保障繁榮安定的，而這也是港人治港的第一步。

1.1.3.4.4 有委員認為，這方案關於行政長官的提名／選舉委員會的組成和提名過程寫得過於簡單，應多加討論。

1.1.3.4.5 有委員認為，這方案並非五五方案的延續，它自有其發展背景，不可混為一談。

※

⑥ 1989 年 11 月基本法諮詢委員會《中華人民共和國香港特別行政區基本法（草案）諮詢報告第三冊—— 條文總報告》

【P123-125】

〔編者按：針對基本法（草案）進行的討論。〕

第四十五條

2. 意見

2.1 正面

→ 行政長官應得到中國政府認同，與中國互諒互讓、互相尊重、互補長短。

→ 贊成第二款。

理由：「循序漸進」的規定符合《中英聯合聲明》、「港人治港」的方針。

2.2 反面

→ 行政長官應由選舉產生，不應由協商產生。

理由：全港市民希望有權選舉他們的首長。

→ 「最終達至普選產生」的目標不但削減了靈活性，亦不符合香港的「實際情況」；很可能是推遲直選的一個藉口。

→ 本條對「循序漸進」有含蓄的限制，就是在短期內不會採用直選。

→ 反對本條第三款有關行政長官產生的具體辦法由附件一規定。

理由：

⊙ 選舉團的產生方法不民主，容易被一小撮人控制。

⊙ 選舉委員會內工商、金融界和專業界之界定含糊，可能導致立場有偏差。

→ 行政長官應由選舉產生，不須由中央人民政府任命。

2.3 其他

→ 行政長官由中央人民政府委派及罷免。

→ 行政長官應由中央人民政府提名委任。

→ 行政長官應由地區互相提名及選出。

→ 行政長官應由全民投票產生。

→ 若中央人民政府拒絕任命選出來的候選人，這便會出現憲法危機。在此情況下，應進行重選，又或經過中央人民政府在當地協商後，再由中央人民政府任命。這樣才可體現《中英聯合聲明》的條文。

→ 行政長官一九九七年開始以一人一票的普選方法產生；而提名則主要以直接選舉產生的立法會提名，以加強行政長官候選人的代表性。

→ 第三款可保留，但附件一的辦法須重擬。

理由：附件一的行政長官產生辦法須重新擬訂，以符合港人自治精神。

→ 本條及附件一應提供機會容許半政黨政治的存在。若政黨政治不可能存在的話，半政黨政治便需要存在，以提供機會給一些政治家去組織一共同政綱，以競逐立法會議席，這對代議政制有好處。加上香港既是一個獨立的制度，又享有高度自治，那麼香港就沒有理由不可以有半政黨政治。

3. 建議

3.1 刪除

3.1.1 第一款

→ 刪去「或協商」三字。

理由：

⊙ 港人不信任「協商」的方式。

⊙ 「協商」是寡頭政治的產物，極不民主。

⊙ 附件一內的規定已抹煞「協商產生」的可能。行政長官產生的辦法已很明朗，不見得將來會採用「協商」的方法。

⊙ 協商方法並不民主。

⊙ 行政長官應由選舉產生。

⊙ 令基本法的規定更清楚、具體。

→ 刪去第一款內「由中央人民政府任命」。

3.1.2 第二款

→ 刪去「最終」二字。

理由：

⊙ 「最終」二字予人遙遙無期的感覺。

⊙ 基本法的字眼應該是肯定明確的，「最終」二字卻含糊不清。

→ 刪去「最終達至普選產生」一句。

理由：

⊙ 「最終普選」是個理論目標，不適宜列出。就可見將來，及一些民主國家制度來說，「普選」並不是最好的辦法。「最終」一句亦削減此條的靈活性，引致有關全民投票的爭議。

⊙ 行政長官的產生未必以普選為目標，應保留較大的靈活性。

⊙ 因其他修改產生辦法（包括普選），在附件一第九項已有規定。

→ 刪去第二款

理由：

⊙ 「實際情況」和「循序漸進」含義模糊。

⊙ 欠缺實行普選的誠意。

→ 刪去第二款，將第一款內「選舉或協商」改為「普選」。

理由：只有普選產生的行政長官才具代表性及在履行職責時能不偏不倚。

→ 刪去第二款，在第一款後加上「產生的行政長官如不符合資格或不能勝任，中央人民政府有權否決。」

→ 刪去第二及第三款，並將第一款內「通過選舉或協商產生，由中央人民政府任命」改為「通過全港年滿二十一歲的永久性居民普選產生。」

第八稿

3.2 修改

3.2.1 第一款

→ 改為:「香港特別行政區長官由普選產生,提請中央人民政府任命。」

→ 將「由中央人民政府任命」改為「報請中央人民政府備案」。

→ 改為:「香港特別行政區行政長官在當地通過選舉產生,由中央人民政府任命。」

→ 改為:「香港特別行政區的行政長官由不少於十分之一的立法機關成員提名,經由全民普選產生。」

→ 改為:「香港特別行政區行政長官必須在當地通過合法的選舉程序產生,務求達至長官直接向當地公民負責的目的。而中央人民政府除任命外,並無權罷免任何通過合法程序選舉產生的行政長官。」

3.2.2 第二款

→ 第二款內「最終達至普選產生的目標」改為「須達至開放及民主提名行政長官候選人,並普選產生的目標。」

→ 第二款改為:「行政長官的產生辦法依據固定時間表的進程,最終達至普選產生的目標。」

3.3 增加

→ 在第一款「任命」前加上「正式」二字。

3.4 其他

→ 行政長官產生辦法應由立法會或立法會會同法院下的一個特別小組擬出,並由立法會最後決定是否採納及通過。行政長官的最終產生方法應為普選。

→ 凡年滿四十歲,在香港連續居住二十年,加上有五百名港人贊成,便可以參加為下屆行政長官地區性普選候選人。

【P279-289】

附件一

2. 整體

2.1 行政長官以直選產生

2.1.1 贊成

→ 行政長官應以地區普選產生為最終目的。

→ 行政長官應以直選產生。

→ 一九九七年前以全民投票選舉行政長官較為妥善。

→ 由一九九七年起，行政長官必須由一人一票直接選舉產生。

理由：

⊙ 符合民主原則，也符合香港大多數人（根據民意調查）的意願。

⊙ 香港市民的教育程度和質素，是有能力去選擇最有利香港絕大部份人民利益，有利香港整體，及有質素的行政長官。

⊙ 建立政權源於人民的香港特別行政區政府。

⊙ 只有透過普選產生的行政長官，才具有足夠的合法性、代表性和權威性。

⊙ 能在制度上保證行政長官向人民負責：聽取人民意見、接受人民監督及為人民服務。

⊙ 香港的經濟、教育、資訊發展水平與法治基礎，為行使平等政治權利提供足夠的條件。

⊙ 每個人都有選擇領導人的基本權利。

→ 在一九九七年立刻進行普選，實行全民投票，以清楚明確的時間表方式輔助其進行。

→ 行政長官選舉一定要全民投票，不能由中方委任。同時要向全港市民清楚公開候選人的背景。

→ 行政長官應由直選產生，不應由大選舉團或將來立法會提名後，再交由中國委任。

→ 一九九七年後香港特別行政區首長，由香港市民一人一票選舉產生，不必經全國人大批准，但要送「人大」備案。

→ 行政長官應由直選產生，並選出一位候補行政長官，前者由中央政府任命，如中央拒絕委任，後者可補上。

→ 建議一九九七年由三級議會成員組成大選舉團，直選產生一位副行政長官。副行政長官的提名由不少於十分一立法會議員負責。副行政長官在一九九五至一九九七年間的職務，是熟悉香港的行政工作，並於一九九七年七月一日正式成為香港特別行政區的行政長官。一九九七年期滿後，新的行政長官由直選產生。

→ 可用下列兩種方式之一選出行政長官：

（一）普選選舉團方式：由全港市民選出一候選團，再由兩局全體議員選取其中兩人成為正副首長。

（二）普選候選人方式：先由兩局議員選出候選團，再由全港市民投票選舉大選舉團中產生兩位正副首長。

→ 在一九九七年前以普選方法選出第一屆香港特別行政區行政長官，否則最遲於一九九七年或至二零零五年以普選方法選出香港特別行政區行政長官。

→ 行政長官應是香港特別行政區政府的主要官員，並由香港永久性居民以全民普選選出。

理由：

⊙ 使行政長官能夠無懼地及不偏私地對各種互相競爭的利益作出適當的平衡。

⊙ 能避免不必要的政治宣傳，因為特別是香港人比較政治冷感，政治宣傳會影響到香港的安定繁榮。

→ 行政長官由普選產生，提名權交大選舉團和立法議會成員。

→ 行政長官應由一個有廣泛代表性的提名委員會，按民主程序提名，由普選產生，具體辦法由香港特別行政區立法會擬定。第一屆提名方法，由香港立法局擬定。

2.1.2 反對

→ 由人民直接投票選舉行政長官不會是一件好事，因為在這個複雜的社會裡，群眾不容易取得足夠資料去作公正的判斷。

→ 不能接受首屆或第二屆香港特別行政區行政長官由全民普選產生。

2.2 行政長官由選舉委員會產生。

2.2.1 贊成

→ 若行政長官從一個有代表性的選舉委員會選出，其成員皆來自地方選舉或立法機關選舉的知名人士，必能得各界支持。故毋須以直選來體現民主。

→ 並不贊成以普選產生行政長官，但選舉行政長官的選舉委員會應由選舉產生。

→ 行政長官由選舉委員會產生，但選舉委員會不宜由功能組別佔多數席位。

→ 選舉委員會的組成應由直選產生，由人民提名。

2.2.2 反對

→ 反對以選舉委員會選舉行政長官。

→ 不贊成由選舉委員會選舉或提名行政長官。

理由：

⊙ 容易受中國政府操縱。

⊙ 選舉權不應落在少數人手上。

2.3 其他

→ 贊成《基本法（草案）徵求意見稿》中的方案一。

理由：香港特別行政區是一個小的經濟體系，完全受外界影響，並且又面對強勁的國際性競爭。為保持繁榮安定，政府必定要穩定、負責任、有彈性及有效率，因此行政長官與立法機關間應保持穩固的聯繫。

→ 取消附件一，代之以《基本法（草案）徵求意見稿》中附件一方案二。

→ 贊成《基本法（草案）徵求意見稿》中附件一方案五。

→ 在保障一國兩制、港人治港及高度自治成功的基礎上，行政長官必須有廣泛代表性。

→ 行政長官應由議員互選，再由中方決定。

→ 行政長官應為立法會內多數黨之黨魁。

→ 大選舉團的角色應漸轉為提名兩個或以上行政長官候選人，然後公開普選。

→ 第四十五條及附件一應提供機會讓半政黨政治存在。若政黨政治不可能存在的話，半政黨政治便需要，以提供機會給一些政治家去組織一個共同政綱，以競逐立法會議席，這對代議政制有好處。加上香港既有一個獨立的制度，又享有高度自治，那麼香港就沒有理由不可以有半政黨政治。

→ 沒有註明新界原居民、華僑及其子女可參選成為行政長官。

→ 接近一九九七年，很多公務員士氣低落，如果讓他們有機會參政及成為行政首長，可加強他們及港人的信心。事實上，公務員對現行制度熟悉，若由現今的執行者成為第一、二屆香港特別行政區的首長，這樣更為合適。

→ 在現時政治氣候下，直接選出香港特別行政區行政首長，容易令「推進中國民主化」的政客勝出，但這些人不易為中央人民政府接受，可能不能獲得任命。如此，必引起香港動亂。

→ 第四屆行政長官才由全民投票產生，時間實在太長。最適當的時間是當香港人的選舉及投票意識成熟的時候。

3. 意見

3.1 正面

→ 附件一可接受。

→ 可接納由推舉產生第一、二屆行政長官。

→ 十年一次的全民投票可改為五年一次。

→ 原則上同意草案稿方案。但第三、四屆地區性普選只宜佔總數四成具體由第二屆政府作決定。功能團體代表在第一至第四屆要保持一半以上席位。

→ 行政長官由不少於100名之選舉委員會聯合提名三名候選人,首屆由中央人民政府選出任命。到第二、三屆,由選舉團協商推舉,由中央任命。第四屆檢討後,決定是否由提名委員會提名,普選產生行政長官。

→ 首屆的推選委員會由800人組成,因人數較多便可減低人為控制,以確保公正。

→ 在第二任內普選第三任行政長官,選舉委員會人數由第一屆起應為800人,以後各屆人數一樣。

→ 推選委員會的人數並不構成問題,行政長官的人選必為一個各方面認可的人物。

→ 首兩屆的推選／選舉委員會要各自代表其所屬界別,不能以個人身份進入這些會中,以確保其代表性。

→ 選舉團成員來自各階層,有如香港的縮影,因而有最大的代表性,能夠選出最能照顧各階層利益的人為行政長官。

→ 首屆行政長官的選舉委員會須有廣泛代表性,入選的標準要審慎制定。

→ 若要修改選舉委員會的比例,須經立法會議員全部成員三分二多數通過,行政長官同意,並報全國人民代表大會常務委員會批准。

→ 第二、三、四任行政長官均應由草案內附件之規定產生。

3.2 反面

3.2.1 反對附件方案。

理由:

⊙ 嚴重違反民主原則,使民主政制在一九九七年後難以實現。

⊙ 政制難以達至行政長官由普選產生的目標。

⊙ 起點不民主,進度太緩慢,終點又毫無保證,故不能接受。

⊙ 發展步伐過份緩慢,將市民大眾參與選舉行政長官的權利拖延至二十三年後,是不合理和不能接受的做法。

⊙ 香港人要等十五年後才有機會由普選產生行政長官，實令人失望，加上全民投票的各種規限，使普選行政長官更加渺茫。

⊙ 附件一剝奪了市民十五年的選舉權，這並不合理。

⊙ 使行政長官享有獨裁的權力，立法會只是接受諮詢的機關，情形和香港現行的殖民地政制一樣，行政長官永遠由中央政府任命。二零一二年以前固然是由中央所委任的「選舉委員會」選舉產生，即使在二零一二年以後，行政長官的候任人由港人普選產生，他仍須取得中央人民政府任命。所以決定權始終是在中央人民政府手上。

→ 此附件與第四十五條內「循序漸進」的原則不相符。

理由：

⊙ 因時間和技術性問題，首屆行政長官的產生要特別處理是必需的，但附件一中的第二及第三屆行政長官都由選舉團自行推選，即十年內毫無改進，將普選延遲至二零一二年，與第四十五條所述行政長官的產生要循序漸進的原則不相符。

⊙ 「循序漸進」的原則在於每一屆行政長官的產生方法皆比前一屆改進，漸漸邁向民主。附件一的規定卻未能達到逐漸改進的目的。

⊙ 首三屆行政長官不應採用不民主的「大選舉團」方式產生。

3.3 第二項

→ 贊成此項的規定。

→ 勞工、社會服務、宗教等界別與工商、金融界佔同一比例，並不均衡。

→ 應將勞工、社會服務（基層）、宗教等界的代表在選舉委員會的比例增加，相反將工商、金融界和專業界的比例略為減少。

→ 選舉團的產生方法不民主，容易被一小撮人控制，選舉委員會內工商、金融界和專業界之界定含混，可能導致代表性之偏差。

→ 選舉委員會內工商、金融及專業界的界定模糊，可能導致立場的偏差。

→ 選舉委員會的專業和社會服務兩個界別有重複的地方，較難清楚割分。

→ 應列明專業界所包括的團體。

→ 行政長官的提名及選舉基本上控制在一群所謂「選舉委員會」委員手上，「選舉委員會」並非由市民選出，其代表性令人懷疑。

→ 第一屆行政長官的委任方法與「高度自治」的精神不一致。其主要的弱點就是籌備委員會及選舉委員會均非由民主方式產生。故建議應清楚列明這兩個委員會的產生過程。

→ 「選舉委員會」的產生並不民主，所選出的行政長官也會欠缺代表性。

→ 800 人的選舉委員會不能代表大多數人的意見和利益，這只是數字遊戲，沒有意義。

→ 800 人的選舉委員會由選舉法規定之配額組成，基本法中並未詳細交代選舉法之規定，故亦難以知悉選舉法是否合理，而 800 人亦未必能代表整個香港的六百萬人意願。

→ 反對有關人大政協代表在推選／選舉委員會的位置。

理由：

⊙ 這些代表都並非由選舉產生，其質素並無保證。

⊙ 這些代表的見識有限，若當上了行政長官，非港人之福。

⊙ 若政協代表在國內的選舉中沒有別於一般市民的選舉權，香港地區政協代表在香港因其政協身份而在推選／選舉委員會有席位，這是令人不解的。

3.4 第三項

→ 選舉委員會的成員應可以「個人身份」投票。

理由：似乎所有企業機構均可選舉，但當選後，卻不被視為獨立的選舉委員會的成員，這一點並不明確，故建議企業機構亦應與其他社團無異，他們的代表一旦當選，便可以個人身份去當任何組織的成員。

3.5 第四項

→ 「不少於一百名的選舉委員」所規定的聯合提名人數太多。

理由：候選人的數目可能會少於八位，縮窄了投票人的選擇。

→ 反對行政長官由提名委員會推舉。

理由：

⊙ 提名委員會的產生比選舉委員會更含糊和不民主。

⊙ 提名委員會限制港人自由競選。

⊙ 提名委員會將可能成為行政、立法以外的權力中心，令權力關係顯得異常複雜，不利於公平和有效率的施政。

→ 於第一任至第二任行政長官之選舉中，立法會應有提名權，提名候選人給選舉委員會，再由大選舉團投票選出。

理由：由立法會提名候選人，可加強日後行政長官及立法會之溝通及連繫。

→ 行政長官應由十分之一立法會成員提名。

理由：香港特別行政區是一個小的經濟體系，完全受外界影響及面對強勁的國際性競爭，為保持繁榮安定，政府必定要穩定、負責任、有彈性及有效率，因此行政長官與立法機關應保持穩固的聯繫。

→ 行政長官應由立法會提名，全港普及直接選舉產生。

理由：如果行政長官由立法會以外的團體，如提名委員會提名或選舉產生，香港即會出現行政和立法機關以外的第三個權力中心，會嚴重干擾行政和立法機關的正常關係，其害處不容低估。同時，如果行政長官並非由普選產生，便沒有足夠的政治威望有效地管理香港。

→ 行政長官應由全部立法會議員的四分之一提名五位候選人，再交由全港市民普選出來。

理由：使行政長官能更接近民意。

3.6 第七項

→ 贊成此項第一段的規定。

→ 「按民主程序」內「民主」的定義含糊，各有各的解釋；有必要詳細列明提名委員會的提名方法及步驟。

→ 在未知提名行政長官候選人的「提名委員會」是如何產生及組成的大前提下，市民實難以對此「提名委員會」建立信心。

3.7 第九項

→ 行政長官產生辦法如需修改，不需立法會三分二大多數通過，亦不需行政長官的同意。

理由：任何有損既有利益團體或個人的建議肯定不會被接納，這會令對社會有利的修改得不到實現。

4. 建議

4.1 刪除

→ 刪去附件一。

→ 第二項「各界人士」中刪去「宗教界」。

理由：香港有很多不同宗教派別和組織，若席位不足以包括每個組織，便容易產生紛爭，而其他界別中亦已包括各不同信仰者。

→ 刪去第二項中「香港地區全國人大代表、香港地區全國政協委員的代表」。

理由：這兩類代表名義上是選出來的，實際上是委任的。

→ 刪去第九項。

4.2 修改

4.2.1 整個附件一

→ 修改為：

「（1）不少於一百名的香港特別行政區選民可聯合提名行政長官候選人。每名選民只可提名一位候選人。

（2）行政長官候選人經香港特別行政區選民一人一票普選產生行政長官。具體選舉辦法由香港特別行政區選舉法規定。

（3）第一任行政長官按照《全國人民代表大會關於香港特別行政區第一屆政府和立法會產生辦法的決定》產生。」

→ 修改為：

「（1）第一、二屆行政長官由大選舉團選出，由中央人民政府任命。第三屆起由一人一票普選產生，由中央人民政府任命。

（2）大選舉團共 800 人，由下列各界人士組成：

各級議員 50%

功能界別（包括工商、金融、專業、勞工、社會服務）50%

（3）各個界別的劃分，以及每個界別中何種組織可產生大選舉團成員的名額，由香港特別行政區以選舉法規定。

大選舉團成員以個人身份投票。

（4）第一屆行政長官按照《全國人民代表大會關於香港特別行政區第一屆政府和立法會產生辦法的決定》產生。

（5）第三屆開始，行政長官由不少於十分之一的立法會成員提名，由全港性普及而直接的選舉產生。

（6）立法會成員每人只可提名一人為行政長官候選人。

（7）行政長官候選人不得為公務人員。

（8）行政長官的選舉必須為真正、定期的選舉。選舉權必須普及而平等，選舉應以無記名投票辦法進行，以保證選民意志的自由表現。

（9）當選的行政長官如為立法會、行政機關或司法機關的成員，則須在當選後立即辭去其原有職務。」

→ 修改為：

「（1）不少於一百名的大選舉團成員聯合提名行政長官候選人。每名成員只可提出一名候選人。

（2）大選舉團根據提名的名單，經一人一票無記名投票選出行政長官候任人。具體選舉辦法由選舉法規定。

（3）大選舉團於中央人民政府任命行政長官後解散。」

4.2.2 第一屆行政長官普選

→ 由首屆起，行政長官應由不少於十分之一立法機關成員提名，經由全港市民一人一票普選產生。及取消以協商形式或選舉委員會方式產生行政長官。

理由：加強行政長官與立法會的關係及後者對前者的支持。

→ 行政長官必須在一九九七年後（即一九九八年起）由全民投票產生，並且有三成以上選票支持及無需經中央人民政府批准，若當選者之選票達百分之七十五以上。

4.2.3 第二屆行政長官普選

→ 第二屆行政長官由普選產生。

理由：

⊙ 以符合全港居民的利益。

⊙ 公民教育已經在香港實行多年。透過學校及傳媒，港人公民及選舉意識已有一定程度上的發展。所以附件中提出最早要在二零一二年才有普選是不適合的。

⊙ 其他地方性政府都進行直選，應與之配合。

→ 香港特別行政區行政首長最遲應於第二屆由市民一人一票直選產生。

→ 第二屆由大選舉團提名及由全民普選。

→ 行政長官的普選，應提早至第二任內決定，而若未能通過，應每隔五年再舉行一次全體選民投票。

→ 應於首屆行政長官任期內（為期三年）籌備第二屆行政長官的普選。

→ 第一屆行政長官應由中央人民政府直接任命。

第二屆開始，行政長官由一人一票直接選出，每一屆任期五年，可以連任。

→ 在第二屆及以後，每位立法會成員皆可提名一人為行政長官候選人，由全港市民一人一票選出。

→ 如第一任行政長官不由直接選舉產生，第（1）至（6）項的程

序可予以採用。由第二任起的行政長官須經民主程序產生。

4.2.4 二零零零、二零零一、二零零二年普選行政長官

→ 一九九七年第一屆行政長官由一人一票普選產生，或經功能團體或各大社團提名，由選民一人一票產生。

→ 二零零零年第二屆行政長官由一人一票普選產生。

→ 最遲應在二零零一年普選產生行政長官。

→ 在二零零二年及以後，行政長官應由全港市民提名，經香港市民普選產生，再由中央人民政府任命。

4.2.5 二零零三或以前普選行政長官

→ 應在二零零三年或以前普選產生。

→ 由二零零三年起，行政長官可由十分之一立法成員提名，經普選產生。

→ 最遲於二零零三年由六百至八百人組成提名團，成員包括各級議員及功能團體代表，交由一人一票選舉產生。

4.2.6 二零零五年普選行政長官

→ 在一九九七年和二零零一年，均由香港特別行政區永久性居民投票選出一個具廣泛代表性的選舉委員會，負責選出行政長官。到二零零五年時，則由香港特別行政區永久性居民投票選出一個具廣泛代表性的選舉委員會，負責提名候選人，經一人一票普選產生。

→ 二零零五年及以後，行政長官由直選產生。

4.2.7 第三屆行政長官普選

→ 行政長官應於第三屆以直選產生。

→ 同意《基本法（草案）》的建議，第一、二屆由推選委員會選出，而第三屆及以後的行政長官選舉，應是全民普選。

→ 行政長官的產生，應盡可能開放和民主。第一屆行政長官可由大選舉團選出，但這個大選舉團成員必須在各自組別內以民主方式選出，絕不能為中國委任。在一九九七年後的六至八年（即第三屆起）就應要由市民以直選產生。

→ 第一、二任行政長官，由 800 人選舉委員會提名，由合資格選民經普選產生（行政長官資格須符合第四十四條）。第三任行政長官，可由至少二位選民提名而自由參選，經由普選產生。

→ 第三任以前行政長官依《基本法（草案）》所定的辦法選出。第三任及以後的行政長官若要由直選產生，除要由立法會議員大

多數贊成外，尚要百分之五十或以上合法選民贊成及經人大常委會批准，但毋須行政長官同意，因為行政長官在這件事的決定可能不公正。

→ 第二、三任行政長官，經由廣泛代表性的選舉委員會選出，是可行的，並符合平穩過渡的原則，但其選舉委員會成員的分配，應作如下之修改：工商、金融界 25%；專業界 20%；勞工、社會服務、宗教等界 30%；立法議會及香港區人大及政協代表 25%。第三屆開始，行政長官應由普選產生。行政長官候選人須經由提名委員會提名，提名方法及程序由當時的立法會研究及協商。被提名而經普選產生的結果須經全國人民代表大會常務委員會批准生效及備案。

→ 支持附件一第二、四、五條產生行政長官的方法，第三屆行政長官應該由普選產生。

→ 第一任及第二任的行政長官，應由 800 人的選舉委員會選出，第三任行政長官由選舉委員會（800 人）提名，再由香港選民一人一票選出。

→ 第一及第二屆行政長官由間選產生。第三屆起由間選直選混合產生。

→ 第三屆行政長官由不少於十分之一立法會成員提名，經由普選產生。

→ 首兩屆行政長官由「推選委員會」產生，以後這委員會改為「提名委員會」，被提名的候選人交由公民普選。首屆的「推選委員會」不需具體寫明包括原香港立法局議員，只盡量要求有社會各界的廣泛代表性。

→ 第二屆和第三屆以後，選舉團選出四位行政長官候選人，由普選產生行政長官。

→ 應在第二屆行政長官任內作政制檢討。

4.2.8 第一項

→ 改為：「行政長官應是在立法會享有多數議席政黨的民選領袖。」

→ 「行政長官由一個具有廣泛代表性的選舉委員會選出」中，在「選出」之後加入「或協商產生」。

理由：符合《中英聯合聲明》的第四項中：「行政長官在當地通過選舉或協商產生」。

→ 改為：「行政長官由一個具有廣泛代表性的選舉委員會選出，由中央人民政府任命。如選出的行政長官經中央人民政府審核，發覺不是愛國者、不符資格或不能勝任。中央人民政府有權否決」。

4.2.9 第二項

→ 「……由下列各界人士組成：」改為「由下列香港各界人士組成：」。

→ 改為：「選舉委員會的成員應該經市民提名，並經由直接選舉產生。」

→ 選舉委員會中勞工界成員應佔 200 人。

→ 社會服務界應列入專業界。

→ 宗教等界應列入原政界人士一項。

→ 建議首三屆的選舉委員會的人數為 400 人，比例與《基本法（草案）》的規定相同，其組成由香港特別行政區選舉法規定。

→ 建議選舉委員會 800 名委員，必須在附件內列舉的各個界別中，經由民主選舉方式產生。

→ 改為：「選舉委員會成員可以其個人身份或團體代表身份投票。」

理由：選舉委員會是具廣泛代表性的，所以應容許其成員以功能組別代表的身份投票，以代表其所來源組別的意見。

4.2.10 第四項

→ 改為：「不少於五十名的選舉委員可以聯合提名行政長官候選人。每名委員只可提出一名候選人，候選人不多於八人。」

→ 行政長官候選人的提名只需一百名選民推舉。

→ 行政長官候選人應由不少於十分一立法會議員提名。

理由：通過立法機關提名行政長官，能確保行政長官得到立法機關的信任和支持，享有較大的威信，從而促進行政與立法的協調關係。

→ 不少於十分之一立法會成員提名，然後經由普選產生。

→ 建議行政長官候選人須獲若干數量的香港永久性居民提名，如有 600 人（即萬分之一）的香港永久性居民便可提名一位候選人。

理由：為體現人人皆平等地享有提名行政長官的權利。

→ 主張仍應有提名委員會的設立，但提名委員會的組成應為：功能選出之立法議員、分區直選之立法議員、終審法庭之大法官及

香港區之人大與政協代表各佔四分之一，分別由各組別互選擔任。這樣可以達致行政效率和互相協調的目標，而不致將行政長官的選舉，變成為激烈的政治鬥爭場所。

→ 在選舉行政長官時，應由選舉委員會成員互選一個提名委員會，負責提名行政長官候選人。

4.2.11 第五項

→ 改為：「選舉委員會根據提名的名單，經全港一人一票普選方式選舉行政長官的選民登記，投票程序等項，由香港特別行政區以法律規定。」

4.2.12 等七項

→ 改為：「行政長官的產生辦法如需進行修改，可先由行政機關擬出具體辦法。廣泛諮詢市民意見後，經立法會全體議員三分之二多數及全國人大香港代表三分之二之多數通過，行政長官同意，並報全國人民代表大會常務委員會備案。」

4.3 增加

4.3.1 第二項

→ 在選舉委員會組成界別中的「勞工、社會服務、宗教等界別」中加上「漁農界」。

理由：漁農界在生產事業中佔有一定地位。

4.3.2 第三項

→ 加上一句「選舉法不得同基本法內的有關規定和原則相抵觸。」

→ 應註明：「香港地區全國人大代表及政協委員的代表，由香港各界人士以每二萬五千選民選舉一個代表的方式產生。」

4.3.3 第五項

→ 加上「經全體選民投票普選產生行政長官。」

5. 待澄清問題

→ 是否立法會、行政長官或全國人民代表大會常務委員會任何一方否決普選，就不用全民投票呢？

是否即使全民投票超過一半或更多贊成普選，但由於上述某一方否決，都不能實施普選？有關這方面問題，實需要再次商議。

→ 第二項

教授界、法律界屬何界別？

→ 第七項

第八稿

倘若全民投票的舉行得不到立法會多數議員、行政長官或人大常委其中一方的同意，是否意味着全民投票將永遠不會舉行？

※

⑦ 1989 年 12 月 13 至 16 日《政治體制專題小組第十七次會議紀要》，載於 1990 年 2 月《中華人民共和國香港特別行政區基本法起草委員會第九次全體會議文件匯編》

【P16】

一、委員們多數同意下述條文修改意見：

1. 第四十五條第二款「最終達至普選產生的目標」，改為「最終達至經提名委員會提名，由普選產生的目標」。

【P19-20】

三、關於行政長官的產生辦法，委員們經過討論，同意作如下修改：

1. 在第三項後增寫：「選舉委員會根據選舉法的規定，選舉行政長官和部份立法會議員。選舉委員會每屆任期五年」。

2. 將第六項、第七項第二、三、四段、第八項刪去。

3. 將第九項改為「二〇〇七年以後各任行政長官的產生辦法如需修改，須經立法會全體議員三分之二（和分組計票各二分之一多數）通過，並報全國人民代表大會常務委員會批准」。其中分組計票方式待立法會產生辦法確定後再相應地加以修改。

※

⑧ 1990 年 1 月 17 至 20 日《政治體制專題小組第十八次會議紀要》，載於 1990 年 2 月《中華人民共和國香港特別行政區基本法起草委員會第九次全體會議文件匯編》

【P24-25】

一、關於第四章政治體制的條文修改

委員們確認了第十七次會議對第四章一些條文的修改建議，經過討論還對第四章條文作出如下新的修改：

2. 第四十五條第二款上次會議建議修改為「最終達至由提名委員會提名，普選產生的目標」改為：「最終達至由一個有廣泛代表性的提名委員會按民主程序提名後普選產生的目標」。

第八稿定稿

「第四十五條　香港特別行政區行政長官在當地通過選舉或協商產生，由中央人民政府任命。

行政長官的產生辦法根據香港特別行政區的實際情況和循序漸進的原則而規定，最終達至由一個有廣泛代表性的提名委員會按民主程序提名後普選產生的目標。

行政長官產生的具體辦法由附件一《香港特別行政區行政長官的產生辦法》規定。」

〔1990 年 2 月 16 日《中華人民共和國香港特別行政區基本法（草案）》〕

落實條文

「第四十五條　香港特別行政區行政長官在當地通過選舉或協商產生，由中央人民政府任命。

行政長官的產生辦法根據香港特別行政區的實際情況和循序漸進的原則而規定，最終達至由一個有廣泛代表性的提名委員會按民主程序提名後普選產生的目標。

行政長官產生的具體辦法由附件一《香港特別行政區行政長官的產生辦法》規定。」

〔1990 年 4 月《中華人民共和國香港特別行政區基本法》〕

行政長官
產生辦法考
基本法第 45 條起草過程概覽

李浩然——［編著］

責任編輯　寧礎鋒
書籍設計　文凱兒

編著　　李浩然
出版　　三聯書店（香港）有限公司
　　　　香港北角英皇道 499 號北角工業大廈 20 樓
　　　　Joint Publishing (H.K.) Co., Ltd.
　　　　20/F., North Point Industrial Building,
　　　　499 King's Road, North Point, Hong Kong
發行　　香港聯合書刊物流有限公司
　　　　香港新界大埔汀麗路 36 號 3 字樓
印刷　　陽光印刷製本廠
　　　　香港柴灣安業街 3 號 6 字樓
印次　　2015 年 2 月香港第一版第一次印刷
規格　　大 32 開（140mm×210mm）200 面
國際書號　ISBN 978-962-04-3722-9

更多好書請瀏覽三聯網頁：
http://www.jointpublishing.com